El Nuevo Libro de los
CANARIOS

El Nuevo Libro de los CANARIOS

Matthew M. Vriends

Editora responsable
Isabel López

Traducción
Pilar Tutor

Revisión de textos
Teresa Goizueta, Roser Soms,
Francesc Haro

Composición
Julio P. Fernández

Diseño gráfico
Antonio Tello

Ninguna parte de este libro, sea texto y/o fotografía, puede ser reproducida por medio alguno sin el permiso por escrito de la editorial.

© Barron's Educational Series Inc.
© Susaeta Ediciones, S. A.
Tikal Ediciones
Campezo, 13
28022 Madrid
Fax: 913 009 110
tikal@susaeta.com
Impreso en la UE

Para mi nieta Kimberly
«Seamos fieles a nuestros defectos»

ÍNDICE

Prólogo 13

Antes de comprar 15
   Cómo comenzó todo 15
   ¿Cómo nos podemos convertir en canaricultores? 17
   La marcha triunfal del canario 18
   Amor y dedicación 20
   La adquisición de canarios 23
   ¿Macho o hembra? 27
   Cuándo comprar canarios 29
   Cómo tratar a los canarios 30

El alojamiento de los canarios 33
   La jaula 33
      Clases de jaulas 36
      Pinzas 39
      Perchas 39
      Orientación 40
      Jaulas-cajón 42
      La base de la jaula 44
      Cubierta de la jaula 44
      Cuidados 44
      La limpieza de la jaula 48
   Instalaciones para el baño 48
   Cuidados durante el verano 52
   Qué necesitan de usted los canarios 52
   Pajareras comunitarias 53
   La pajarera 56

Situación	57
Materiales	58
Construcción	60
Indicaciones generales	63
Decoración de la pajarera	64
La habitación para los pájaros	73
La pajarera de interior	74
Mantenimiento general	75

La alimentación del canario 77
    Necesidades básicas 77
        Proteínas. 77
        Hidratos de carbono 78
        Grasas. 78
        Minerales 79
        Vitaminas 79
        El agua para beber. 82
    Alimentación práctica de los canarios 83
    Amasijo de huevo o comida de cría 86
    Verdura. 88
    Fruta 88
    Golosinas. 89
    Alimentos colorantes 89
    Alimentos energéticos. 90
    Pienso granulado y dietas extrudidas 91

La cría de canarios 95
    Técnicas de la cría de canarios 96
    La época de cría 98
    Jaulas de cría y accesorios para los nidos 101
    Comienzo de la reproducción 106
    Incubación, salida del cascarón y cría 108
    Hembras problemáticas. 113
    El anillado 116

    La selección 118
    Ácaros rojos o de la sangre *(Dermanyssus)* 118

Conocer a los canarios 121
    Un poco de historia 121
    El canario por dentro y por fuera 129
    La domesticación de los canarios 136

Prevención y cura de las enfermedades 139
    Indicios de enfermedad 139
    Tratamiento 143
    Enfermedades y lesiones 146
        Arrancado de las plumas 146
        Aspergilosis 148
        Caída de las plumas 149
        Calcificación 150
        Crecimiento excesivo de las uñas 150
        Dificultad para poner huevos 151
        Enfermedad del sudor (colibacilosis) 152
        Eutanasia 154
        Estreñimiento y diarrea 154
        Fracturas 156
        Gota 159
        Infección de la glándula uropigial 159
        Infección por "Escherichia coli" 160
        Infecciones oculares 160
        Infecciones respiratorias 161
        Muda 162
        Obesidad 164
        Ornitosis 166
        Parásitos externos 166
        Pérdida de la voz 168
        Picoteo de los huevos 168
        Problemas de equilibrio 169
        Salmonelosis 170

Sobreingesta. 171
　　　Viruela 171
　　El botiquín del canaricultor 174
　　　Equipo 174
　　　Medicamentos 175

Canarios de forma. 177
　　Alojamientos especiales. 177
　　Cría, cuidados y alimentación 180
　　Competiciones y entrenamiento 184
　　Razas de canarios de forma. 187
　　　Bernés. 187
　　　Border. 188
　　　Bossu belga 188
　　　Columbus fancy 189
　　　Crested 190
　　　Fife fancy 190
　　　Gibber italicus o Rizado giboso italiano 191
　　　Giboso español. 192
　　　Gloster corona 192
　　　Hoso japonés 192
　　　Lancashire 194
　　　Lizard 195
　　　Moñudo alemán 196
　　　Münchener (Canario común alemán). 197
　　　Norwich 198
　　　Rizado del norte 199
　　　Rizado del sur (Holandés del sur) 200
　　　Rizado milanés (Rizado de color) 200
　　　Rizado paduano 201
　　　Rizado parisino. 202
　　　Rizado suizo 202
　　　Scotch fancy 203
　　　Yorkshire. 204
　　Conclusión 205

El milagro de la genética 207
   Los canarios de color 207
   Células, cromosomas y genes 207
   Mutaciones 208
      Recesivo y dominante 211
      Homocigótico y heterocigótico 212
   Canarios amarillos 213
   Canarios amarillo limón 214
   Canarios blancos 215
      Blanco dominante 215
      Blanco recesivo 216
   Albinos 216
   Canarios de color: variedades 216
      Canarios marrones 217
      Herencia ligada al sexo 218
      Marrón (feuille morte) y marrón amarillo limón
      (feuille morte jonquille) 221
      Canarios marrón dorado 221
      Intensivo y nevado (no intensivo) 222
      Canarios verdes 223
      Canario marrón plateado 224
      Canario azul 224
      Ágata e Isabela 225
      Ágatas que carecen del factor rojo 226
      Isabelas que carecen del factor rojo 227
      El factor rojo 228
      Bronce naranja rojo y Bronce naranja
      rojo nevado (no intensivo) 228
      Bronce rojo y Bronce rojo nevado 228
      Marrón naranja y Marrón naranja nevado 228
      Marrón rojo naranja y Marrón rojo naranja nevado . . . 228
      Ágata naranja y Ágata naranja nevado 229
      Ágata rojo naranja y Ágata rojo naranja nevado 229
      Ágata rojo y Ágata rojo nevado 229
      Isabela naranja e Isabela naranja nevado 229

Isabela rojo naranja e Isabela rojo naranja nevado . . .   229
Isabela rojo e Isabela rojo nevado.   230
Albaricoque (Apricot)   230
Naranja intensivo   230
Rojo anaranjado intensivo.   230
Rojo   230
Canarios dimórficos   231
El factor pastel.   231
El factor marfil   232
El factor ópalo   232
Los inos   234
Feos   236
El satiné   236
Posibles cruces con los pájaros canoros silvestres. . . .   236

Canarios de canto   237
Entrenamiento de los jóvenes canarios de canto   239
El maestro   240
La jaula de canto   242
El canto del canario.   244
    El canario Harz o Roller.   244
    El Waterslager   248
    El canario cantor americano   248

APÉNDICE

Agrupaciones y asociaciones   253

Bibliografía.   255

PRÓLOGO

Como veterano criador de canarios, he experimentado personalmente los problemas cotidianos que surgen cuando uno cría un grupo de pájaros. Son probablemente los mismos problemas que usted, como aficionado a los canarios y lector de este libro, también habrá tenido o tendrá alguna vez.

Este libro pretende servir de guía para todo canaricultor, y aborda con gran detalle aspectos diversos sobre el tema, como la alimentación, el cuidado y las enfermedades de los canarios. Capítulo a capítulo, su finalidad es hacer que el buen aficionado cada día disfrute más con sus pájaros. El texto proporciona la información necesaria para criar canarios con éxito: describe, explica y da ejemplos. Por otra parte, el canaricultor experto también podrá encontrar aquí información muy útil, expuesta en un lenguaje sencillo, que le posibilitará criar canarios cada día más hermosos y sanos.

No hay ninguna fórmula mágica en este libro. Las fórmulas, aunque puedan resultar claras y lógicas para todos aquellos capaces de comprenderlas y puedan ser valiosas en la práctica a medida que se progresa en la reproducción de canarios, siempre resultan demasiado complicadas. Afortunadamente, es posible aprender a criar canarios de color y comprender las normas básicas de genética sin necesidad de emplear fórmulas complicadas. Los secretos de la herencia –materia que para los principiantes está envuelta en el misterio y llena de riesgos– no tienen por qué ser propiedad exclusiva de los expertos.

Me gustaría, finalmente, mostrar mi agradecimiento a todos aquellos que me han ayudado a preparar esta obra. En particular, desearía agradecerle a mi esposa, Lucia Vriends-Parent, su siempre desinteresada ayuda y su incondicional apoyo, sin los cuales este libro nunca se hubiera materializado. Le agradezco también a mi amigo y colega John Coborn, de Queensland, Australia, la gran cantidad de horas de trabajo que me ha dedicado; su entusiasmo, conocimiento y experiencia han contribuido a llevar a la práctica este proyecto. En último lugar, pero no por ello menos importante, agradezco a los muchos canaricultores que, a lo largo de los años, me han ayudado a seguir en la vanguardia de esta afición que compartimos, entre los cuales tengo que mencionar a dos muy conocidos: J. Peter Hill, de Cincinnatti, Ohio, sin lugar a dudas uno de nuestros más eminentes veterinarios especializado en aves, y Arthur Freud, editor de la revista American Cage Bird Magazine y uno de los avicultores más entendidos en la materia. Ambos han dedicado horas de su tiempo a leer con atención el manuscrito y a hacer comentarios constructivos acerca del mismo, por todo lo cual les estoy sumamente agradecido.

MATTHEW M. VRIENDS
Loveland, Ohio

ANTES DE COMPRAR

Cómo comenzó todo

De los cientos de pájaros que he tenido durante todos estos años, todavía recuerdo muy bien mi primer canario. Se trataba de una hembra verde de una variedad indeterminada. No era ninguna belleza, pero con el tiempo la llegué a considerar ni más ni menos que la criatura más hermosa jamás vista. Me la había regalado mi profesor de tercer grado de la escuela primaria como recompensa por ser el primer alumno en recitar las tablas de multiplicar hasta el 20 sin equivocarse. Por supuesto que estaba inmensamente orgulloso de esta hazaña, pero estaba todavía más impresionado con el premio conseguido.

Instalé al pájaro en una jaula en el comedor de casa. Al cabo de poco tiempo, mi padre empezó a mostrarse preocupado porque el pájaro no cantaba. Un día entró en casa trayendo consigo un canario Harz macho, que fue introducido con la hembra en la jaula y que muy pronto le estaba cantando con toda su fuerza, pues era el comienzo de la época de cría. Poco tiempo después, un conocido nos sugirió que el par de canarios debería tener una jaula de cría. Y en ese momento me convertí en un criador de canarios.

Todavía recuerdo mi fascinación y asombro ilimitados cuando vi los primeros huevos verde-azulados puestos por mi hembra en su nido construido con un lecho de suave franela. Todavía recuerdo la excitación del período de incubación, mi inquietud porque todo fuera bien y mi alegría cuando los polluelos salieron del cascarón.

Puede parecer increíble, pero durante el primer año mi canario hembra tuvo nada menos que dieciséis saludables polluelos, una hazaña que raramente se ha repetido con los muchos canarios que he tenido desde entonces.

Aún recuerdo muy bien los primeros polluelos; eran jaspeados, como en efecto lo eran la mayor parte de los canarios en esa época, y estoy convencido de que los machos habrían desempeñado un buen papel en cualquier concurso musical en el que hubieran participado. El macho original, el padre de las crías, vivió varios años alojado en una bonita jaula de latón en nuestro comedor, mientras mis otros pájaros estuvieron alojados en el desván, y después en el jardín. El macho vivía, o al menos así lo recuerdo, como un príncipe; raramente estaba en su jaula y solía volar libremente por toda la habitación. Le llamábamos *Ike*, y cuando llegó el triste día en que se cayó muerto de su percha, todos lloramos su trágica pérdida.

Quizá debería haberme preguntado cómo una hembra verde y un macho amarillo pudieron producir polluelos jaspeados, pero no tenía por entonces demasiado conocimiento de genética y tampoco estaba particularmente interesado en el tema. Este interés llegó después, cuando obtuve mis primeros canarios de color.

En esa época, justo después de la Segunda Guerra Mundial, la mayoría de los canarios se poseían únicamente por su canto. La televisión y los aparatos de música eran prácticamente desconocidos; algunas personas privilegiadas poseían un fonógrafo, pero el tono resquebrajado de esos aparatos no tenía nada que ver con el sonido tan claro del canto de un canario.

Pero los tiempos han cambiado. Los canarios que ahora viven en nuestras salas de estar en la mayoría de los casos se encuentran allí no por su canto, sino porque un atractivo pájaro vivo puede ser considerado como un amigo y como un compañero o porque una jaula ornamental puede constituir un complemento más de la decoración de nuestro hogar. El canario moderno ha mejorado en color, pero su canto se ha visto ahogado por una cacofonía de ruidos procedentes de la radio, televisión y aparatos de música de nuestros hogares.

Pero la afición a los canarios continúa y, probablemente, gracias al mayor tiempo libre que disponemos, ha experimentado un nuevo auge. Para muchos, la decorativa jaula de los canarios constituye un agradable contraste a la uniformidad de nuestras viviendas modernas, como se demuestra por el gran número de jaulas que se pueden ver en las ventanas o en los balcones de los bloques de pisos de las grandes ciudades.

El canario también es considerado por muchos como un buen amigo, una alegría para la gente mayor, y una buena compañía en el hogar. Por tanto, existe un comercio pujante de canarios canoros y de color. Cada año se importan miles de canarios, y también hay un buen mercado para ejemplares criados en casas particulares.

El criador de canarios tiene a su disposición una amplia oferta donde elegir: puede especializarse en el color, en el canto, o en la forma de los canarios, o simplemente criarlos. En efecto, la afición a los canarios tiene múltiples facetas.

¿Cómo podemos convertirnos en canaricultores?

Uno de los criadores de canarios más importantes que conozco, un hombre que durante toda su vida ha criado varios miles de pájaros, cuenta con frecuencia la historia de cómo se convirtió en canaricultor. Una vez capturó una hembra canario vagabunda que entró volando en su cocina, y desde este comienzo tan poco ortodoxo, se convirtió en un defensor de la canaricultura. Su experiencia no es muy diferente de la mía, ya que su «adicción» también fue desencadenada por una hembra.

Una vez realizamos una encuesta, exclusivamente para nosotros, en la que preguntamos a diversos canaricultores cómo llegaron a implicarse en su afición. Algunos respondieron que se habían aficionado sólo porque se sentían atraídos por los canarios, y nos sorprendió escuchar que muchos aficionados también habían sido influidos por este factor. Otros habían heredado

El canario belga gozó de su máximo esplendor en el siglo XIX

de alguna forma la afición de sus padres; otros tenían amigos o parientes aficionados y por tanto se habían sentido atraídos indirectamente, e incluso hubo otros que habían llegado a la afición a los canarios a través de la cría de pollos, palomas, pájaros silvestres o periquitos. Uno de los encuestados se había encontrado una pajarera en el jardín cuando se cambió de casa y había instalado en ella un par de canarios, porque –así lo dijo– era demasiado vago para derribar la pajarera.

Con toda seguridad debe haber alguna razón por la que usted, lector, quiso convertirse en un canaricultor: el placer que da esta interesante afición a la que se puede dedicar el tiempo libre; la alegría de escuchar los claros tonos de un canario cuando canta; la delicia de ver el primer nido de polluelos indefensos; el placer que se siente después de una excelente época de cría, o el orgullo de ganar un premio en alguna exposición...

Los verdaderos canaricultores nunca pueden perder el tiempo. Tienen que cuidar de sus pájaros, se ocupan de construir jaulas y pajareras, portanidos, jaulas de cría, etc.; disfrutan con sus pájaros todos los días, leen todo lo que se publica sobre su afición, hablan de sus pájaros con otros aficionados. En resumen, siempre tienen algo que hacer y no les queda lugar para el aburrimiento.

Hay muchísimas más cosas que se pueden hacer para que la afición sea más interesante, aunque nadie puede convertirse en un criador de canarios de la noche a la mañana. Hay que ir muy despacio y profundizar cada vez más en este noble arte; cuanto más se profundice en él, más fascinante resulta.

Tome un buen consejo: no se encalle nunca. Esfuércese constantemente por aumentar sus conocimientos y experiencias sobre los canarios y su cría; de esta forma, obtendrá gratificaciones cada vez mayores. Conserve este libro, pues le ayudará a obtener un gran placer de su afición, y siempre lo tendrá a su disposición cuando necesite consultarlo.

La marcha triunfal del canario

Han pasado muchos años desde que Jean de Bethancourt (véase la página 121) encerrara los primeros canarios en una jaula. Han sido años en los cuales el canario ha realizado una marcha triunfal en todo el mundo. Nunca en la historia un pájaro se ha criado de forma tan intensiva.

A pesar de ello, sigue siendo un misterio por qué el canario ha sido escogido como el pájaro de canto más popular en los hogares de todo el mundo. Antes de que se «descubriera» el canario de factor rojo, otros pájaros poseían mucho más color que los canarios; además, se trataba de aves que, con un cuidado y dedicación similares a los otorgados al canario, podían haber sido fácilmente domesticados. ¿Por qué, entonces, el canario ha llegado a convertirse en un pájaro domesticado?

Consideremos algunos de los muchos atributos del canario. No es particularmente tímido y es extremadamente adaptable; su canto es muy hermoso y su aspecto, atractivo; se cría más fácilmente que la mayoría de los otros pájaros que viven en cautiverio. Habita en casi en cualquier clima y es muy fácil de alimentar, pues prácticamente es granívoro. Pero eso no es todo, el canario tiene cualidades que son muy difíciles de expresar con palabras, y que le convierten, más que a cualquier otra ave, en el pájaro doméstico ideal.

El legado de Jean de Bethancourt lo forman, por tanto, millones de canarios que han sido criados a lo largo de los años, lo que convierte a este animal en el más prolífico de todos los pájaros de canto domesticados. Sólo en los Estados Unidos se calcula

Tanto los escoceses como los ingleses afirman haber sido los primeros en desarrollar el canario Border. Ésta es la más antigua de las variedades criadas por su forma

en dos millones de ejemplares el número de canarios.

Los canarios criados a lo largo de todos estos años han regalado tanta alegría a la humanidad como esos dos millones de pájaros americanos lo están haciendo en nuestros días. Las diversas posibilidades de la cría del canario ofrecen a cada aficionado lo que desea, ya sea el canto, el color y el canto, el color y la forma, el color y un plumaje especial..., canarios grandes, canarios pequeños, canarios multicolores, etc. Y el repertorio no está completo todavía, los canaricultores siguen pensando en nuevas posibilidades y en nuevos colores.

Sea lo que sea lo que se le pida al canario, él siempre estará dispuesto a hacerlo. Es amigo del criador comercial y del criador especialista, y algunas veces llega a criar a sus polluelos en condiciones realmente adversas. Y a cambio, no pide nada más que un poco de atención, y recompensa al criador mil veces por ello. Éste es el secreto del canario, el secreto de su popularidad y el que le convierte en el primer pájaro de cría del mundo.

Amor y dedicación

Sin amor y sin dedicación, no llegará a nada en ninguna actividad que emprenda. Si se decide por los canarios sólo para que le entretengan de vez en cuando, lo mejor es que no comience, pues podría aburrirse después. Y además, quítese de la cabeza que llegará a hacerse rico con la cría de canarios.

Sin embargo, si le gustan los pájaros en general, y prefiere los canarios en particular, si dispone del amor, dedicación y entusiasmo suficientes para tomarse en serio su afición por los canariosm, para considerarla un pasatiempo al que piensa dedicar muchas horas de su tiempo, entonces cuenta con la base adecuada para llegar a ser un buen canaricultor.

Esta afición por los canarios le va a costar algo de dinero, que dependerá de lo que se quiera gastar. Si quiere comenzar por todo lo alto, construir y comprar muchas jaulas y pajareras, y comprar lo mejor de lo mejor, su afición le costará realmente mucho dinero, especialmente al comienzo. Pero si decide hacer una pequeña y sensata inversión, no tendrá que gastarse una gran cantidad de dinero. No es difícil construirse una práctica jaula o cajón de cría y comprar uno o dos pares de canarios para la cría.

Luego, si cambia o vende algún polluelo que haya criado y emplea el dinero conseguido en comprar mejores artículos para sus canarios, serán mejoras que tampoco le costarán tanto dinero, y con unos modestos fondos adicionales podrá comprarse una pajarera de tamaño razonable. Mientras no exagere demasiado en la cantidad de canarios que mantenga, su presupuesto será notablemente bajo, teniendo en cuenta incluso los requerimientos de comida adicional durante la época de cría.

Cuando ya se haya convertido en un criador de canarios con todas las de la ley, tarea que le ocupará gran parte de su tiempo libre así como de su espacio disponible, no debe olvidar el hecho de que puede conseguir un pequeño beneficio adicional. Y, a lo largo de los años, teóricamente al menos, puede incluso llegar a ganar una suma razonable de dinero con sus canarios.

Esto en teoría, porque en la práctica, con frecuencia, el resultados que se obtiene es muy diferente. Imaginémonos, por ejemplo, a un pensionista retirado quien, a los sesenta y cinco años, se siente demasiado joven para no hacer nada, y está totalmente dis-

El canario moñudo ya se menciona en un tratado de 1793.

puesto a seguir disfrutando el resto de su vida. Ya cuenta con muchos años de experiencia como criador de canarios, por tanto decide lanzarse a un proyecto a gran escala. Este hombre jubilado no piensa correr ningún riesgo innecesario, y planifica cuidadosamente el presupuesto, los precios de las jaulas, el gasto por las pérdidas, el coste de la alimentación y los precios medios que espera recibir por sus pájaros, todo lo calcula al detalle. Incluso tiene en cuenta los costes de la calefacción adicional y de la luz que necesitará durante el invierno.

Este buen hombre calculó que ganaría de 100.000 a 200.000 pesetas como promedio, en un año, y que si la temporada fuese buena, podría conseguir hasta 250.000 pesetas o incluso más. Siguió adelante con su proyecto durante cuatro años, antes de verse obligado a cerrar el negocio. Durante el primer año cubrió los gastos; en el segundo año consiguió unos beneficios de 50.000 pesetas; durante el tercer año, perdió 30.000 pesetas; y el cuarto año cubrió de nuevo los gastos. Por tanto, en cuatro años de duro trabajo, obtuvo unos beneficios netos de sólo 20.000 pesetas.

Sin embargo, no se sintió particularmente molesto; en esos cuatro años no sólo había ganado 20.000 pesetas, sino que se había mantenido ocupado. El placer que le proporcionó su afición ya valía por sí mismo un montón de dinero.

La canaricultura no es una máquina de hacer dinero. Sin dedicación, no merece la pena comenzar. Aquellos que miran sus pájaros con el símbolo del dólar inscrito en sus ojos van por el camino equivocado. Por supuesto, esto no significa que no haya que ser realista. A medida que tenga éxito en la cría de canarios, también recibirá recompensas por su dedicación. Y cuando tenga un excedente de canarios, es natural que quiera sacar partido de ellos. Si todo va bien, algunas veces quizá consiga un beneficio razonable al final del año. Considere sin embargo, ese beneficio como un premio a su trabajo y no imagine ni por un momento que va a ser algo seguro.

Todo lo anterior se aplica a los criadores en general. Por supuesto que los criadores tienen todo el derecho de conducir su afición de la forma que mejor les convenga. Algunos consideran que mantener una gran cantidad de pájaros es la clave del éxito. Otros se especializan en determinados pájaros, por su color, por el canto, o por su forma. Creen que es mejor tener unos pocos pájaros buenos en lugar de muchos imperfectos. Creen en la afición por sí misma, sin pensar en los beneficios. Éstos son los aficionados que se sienten más felices, pues consideran su afición como lo que realmente es: un pasatiempo muy agradable.

Hay también muchas otras clases de amantes de los canarios: la persona que tiene un solo canario en una jaula cerca de la ventana; la persona que vive en la ciudad y que ha construido una pequeña pajarera en su patio trasero; la persona que posee una jaula de cría en su comedor con la que puede disfrutar de la maravilla de contemplar la puesta de los huevos, la empolladura, la salida del cascarón y la cría. Todos ellos son auténticos canaricultores. Todos disfrutan a su manera de sus pájaros, alimentándolos y cuidándolos, disfrutando probablemente de su afición más que el propietario de cientos de pájaros.

La adquisición de canarios

La compra de los pájaros es el principio de esta actividad, por lo que la forma de comenzar puede marcar la di-

El canario Fife es una raza de pájaros miniatura desarrollados a partir del Border. Toma su nombre del condado escocés de Fife

ferencia entre el éxito y el fracaso. Vamos a empezar con una buena regla básica: sólo lo mejor es lo suficientemente bueno para el principiante.

Por supuesto, el que quiera un solo canario para exhibirlo en una jaula en su comedor, probablemente tendrá unas ideas diferentes del que está pensando en criar canarios perfectos. El primero quizá se sienta satisfecho con el canto y el color de su canario sin desear que se convierta en un campeón. Pero por supuesto que el pájaro también tiene que estar sano.

Consideremos a la persona que va a criar sus propios pájaros. Para ella, la calidad de las adquisiciones es lo que tiene mayor importancia; hay que tener presente que los primeros pájaros que uno adquiera constituyen el comienzo de una nueva línea de cría. Estos pájaros son los que van a decidir en último término, si sus esfuerzos como criador constituyen un éxito o un fracaso y, en muchos casos, esos pájaros son los que van a decidir si un aficionado continúa siéndolo en el futuro o no.

Por consiguiente, ¿es necesario que un principiante comience con un par de perfectos canarios rojo-anaranjados muy costosos? No, el principiante debe comenzar con algo más sencillo, con un verde-amarillo corriente, o con unos canarios jaspeados. No son caros y no tienen necesidades especiales, ni debilidad particular alguna, porque no llevan sangre híbrida. Y como siempre se crían en grandes cantidades, son bastante fáciles de conseguir en el comercio.

Sin embargo, no todo amante de los pájaros se convierte necesariamente en un entusiasta criador de canarios. Si descubre, después de un par de años, que la cría de canarios no se ha hecho para usted, nadie se sentirá perjudicado si lo deja. Su breve «romance» con esta afición no le habrá costado mucho dinero.

Los primeros canarios corrientes que se compren tienen que ser considerados por el aficionado como material de estudio, pues sacará una gran experiencia de cuidarlos dentro y fuera de la época de cría, de tratar el empollamiento y la salida de los polluelos de los huevos, las exigencias que tienen los pájaros con respecto al alojamiento, etc. Y al cabo de un par de temporadas, cuando ya domine el cuidado y la reproducción de los canarios, podrá decir que se ha abierto el camino hacia la «carrera» de la canaricultura.

Por todo esto, el principiante debe comprar pájaros razonables; de hecho, los mejores que se pueda permitir. No compre una calidad inferior sólo para ahorrarse, por ejemplo, dos mil pesetas. Si es posible, diríjase siempre a un criador de confianza o a un tratante de canarios conocido. Si no conoce ninguno, lo más recomendable es que asista a una exposición de canarios de las que organizan las sociedades de canaricultura, una o dos veces al año, en la mayoría de las grandes ciudades. En esas exposiciones podrá comprobar la calidad de los pájaros, conocerá a criadores y vendedores, y obtendrá toda clase de conocimientos y consejos, incluyendo direcciones de proveedores.

Lo más adecuado es hacerse miembro de alguna sociedad de canaricultura o de pájaros domésticos, porque así mantendrá un contacto regular con otros aficionados, tanto principiantes como usted, como los que ya llevan tras de sí varios años de experiencia.

Nunca deje de pedir consejo. Si no cuenta con demasiada experiencia personal con relación a los canarios, no podrá saber lo que está bien y lo que no lo está. Sin embargo, si puede contar con un canaricultor experimentado, éste le podrá aconsejar sobre lo que merece la pena adquirir. Sólo con mirar un pájaro, un experto canaricultor será capaz de decirle si el animal está sano y si vale para criar; sólo con coger al pájaro, le podrá decir de qué sexo es y si padece alguna enfermedad.

Sin embargo, si desea intentarlo por usted mismo, acepte el siguiente consejo: compre sólo a criadores o comerciantes que conserven sus jaulas y pajareras en un estado excelente.

El aspecto general del plumaje de un canario sano debe ser liso y compacto, a no ser, por supuesto, que se trate de un canario rizado

Sólo en este caso es casi seguro que los pájaros que venden estarán sanos y en perfectas condiciones. El criador que se preocupa del aspecto de la jaula es muy probable que también se preocupe de todo lo demás. Pero si usted observa que el local está sucio y desordenado, rechace amablemente cualquier oferta, dése la vuelta y regrese por donde había venido.

Un buen criador anilla a sus pájaros excedentes y, por supuesto, mantiene algún tipo de libro de registro, que le puede revelar algunos datos interesantes de la historia inmediata de los pájaros y acerca de si alguno de sus antepasados fue campeón. Es mejor comprar pájaros que hayan sido incubados en la primavera o el verano, pues siempre son más resistentes que los pájaros nacidos en otoño o en invierno. Y tal información la podemos encontrar en dicho libro de registro.

Es más, debemos empezar por saber qué aspecto tiene un canario que está sano. Un pájaro saludable adopta una postura erguida sobre su percha y se mueve de forma enérgica y ágil. Sus ojos son brillantes y relucientes, su plumaje es lustroso y compacto, y el pájaro no permite que los demás habitantes de la jaula le intimiden.

Tome al pájaro en la mano y examínelo desde la punta del pico hasta la punta de la cola. El pico debe cerrar correctamente y su textura será suave. Examine la parte superior de la cabeza, que no debería mostrar ninguna cicatriz. Verifique que las alas no tienen ningún problema y asegúrese de que la cola no está sucia. Observe los dedos uno a uno; deberían ser suaves y estar limpios. Los dedos tienen que estar derechos y no les debe faltar ninguna uña; los pájaros viejos tienen señales de depósitos de calcio.

El esternón, o quilla, recorre el centro del pecho del ave. Palpe la carne a cada lado de este hueso y presione suave pero firmemente con el dedo pulgar y el índice. Debería sentir esa zona rolliza y firme, no hueca, tiesa o fofa, con el esternón saliente como una hoja.

Examine la zona anal y el área circundante. Si está sucia y llena de excrementos y manchas, el pájaro puede estar padeciendo alguna clase de enfermedad entérica; por razones obvias, debe ser descartado. Por lo mismo, los demás pájaros de su jaula o de jaulas adyacentes tampoco deberían ser tenidos en cuenta para la compra.

Ponga el pecho del pájaro contra su oído y escuche su respiración. Si está sano, probablemente no percibirá casi nada; sin embargo, si padece alguna infección respiratoria, escuchará un ruido áspero y chirriante. En este caso, el pájaro debe ser descartado.

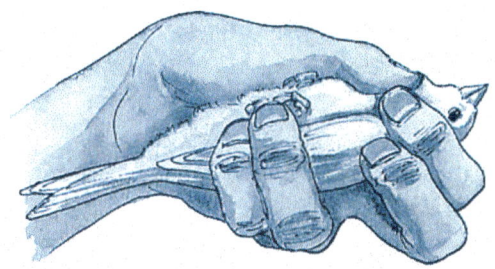

Si tenemos que examinar a un pájaro, lo cogeremos en la mano colocando el dedo pulgar a un lado de la cabeza y los demás dedos en el costado opuesto

Las plumas del pecho se deben abrir cuando se las sopla y deben mostrar una piel saludable y limpia, no manchado ni enrojecido, ni seca y escamada, lo que podría ser un signo de parásitos externos.

Si el canario sale airoso de todas las pruebas anteriores, puede estar prácticamente seguro de que el pájaro está sano.

Por supuesto que no todos esos síntomas son necesariamente fatales para los canarios. Existen tratamientos para esas y otras enfermedades. Pero no debería preocuparse por las enfermedades no deseadas en esta primera etapa. Compre siempre el pájaro mejor y más sano que se pueda permitir, nunca un ejemplar inferior.

¿Macho o hembra?

¿Cómo podemos distinguir el sexo de los canarios? No tienen ninguna característica sexual externa, al menos no ante los ojos de un principiante, para el que un canario amarillo es un canario amarillo y uno verde es uno verde. Sin embargo, los que ya son un poco más expertos reconocen las sutiles diferencias entre el macho y la hembra al examinar cuidadosamente a los pájaros. De entrada, el macho con frecuencia tiene un color más brillante que la hembra, y ello se aplica a todos los colores excepto al blanco. Por supuesto que esta característica sólo ayuda si existe un material de comparación, e incluso el experto encontrará difícil distinguir el sexo de un pájaro observando exclusivamente su plumaje.

Afortunadamente, hay otras características, pero deben observarse sujetando al pájaro en la mano, sosteniendo su vientre hacia arriba y soplando las plumas que se encuentran alrededor de la zona anal hacia un lado. Si la zona anal tiene una forma

El Gibber italicus es un canario en el cual se combinan la postura y el plumaje rizado

suave y redondeada es una hembra (en la época de reproducción la zona anal está orientada a la parte posterior y tiene una forma parecida a la de un torpedo). En el macho, en cambio, se observa una pequeña hinchazón como un grano cerca de la zona anal.

A los principiantes les puede resultar difícil distinguir el sexo de los pájaros porque no saben exactamente dónde mirar y cómo interpretar lo que ven. Por tanto, es mejor solicitar la ayuda de un aficionado experimentado que le enseñe el fino arte de la distinción sexual. Seguro que encuentra a alguien en su club de canaricultores que esté dispuesto a ayudarle.

Quizá resulte más difícil distinguir el sexo en los pájaros más jóvenes, porque las características sexuales no son tan obvias. Hay casos incluso de expertos que identificaron a un joven pájaro como una hembra, y luego ésta confirmó ser un macho. Cuando se va a distinguir el sexo de los canarios más jóvenes, es mejor esperar lo más posible e intentar acertar a la primera.

No hay que olvidar una característica que distingue a los sexos: el canto. Aunque tampoco es infalible, ya que algunos machos y hembras jóvenes cantan de forma muy similar, no hay ninguna posibilidad de equivocar el canto del canario macho cuando es adulto.

Cuándo comprar canarios

En teoría, los canarios se pueden adquirir en cualquier momento del año, pero en la práctica, hay que tener en cuenta ciertos detalles.

Como primera recomendación, los pájaros que hayan estado guardados en el interior o en una pajarera caliente durante el invierno, no pueden sacarse al exterior tan pronto como los compre. Podrían enfermar de un resfriado o incluso pasarles algo peor. Los canaricultores que dispongan de pajareras exteriores deberían comprar sólo pájaros que procedan de pajareras exteriores durante las épocas más frías del año. Sin embargo, no se da la situación inversa: un pájaro criado en

El canario moñudo alemán es como el canario de color excepto por su moño

el exterior se puede adaptar a un ambiente cálido de interior sin ningún problema.

El mejor momento para adquirir nuevos pájaros es durante el final de la primavera, durante el verano o al comienzo del otoño, que es cuando hay una menor diferencia entre las temperaturas exteriores o interiores, al menos no la suficiente para causar problemas de salud al pájaro. Sin embargo, hay que mencionar otros problemas en esta época del final de la primavera y verano; en esas épocas del año, generalmente hay menos canarios ya que la mayoría de ellos se dedican de lleno a la cría. Es muy probable que los únicos pájaros disponibles sean pájaros más débiles o pájaros que de alguna forma no son adecuados para criar. Por tanto, es mejor comprar los polluelos de la estación en curso a comienzos del otoño. No espere a que se adentre demasiado el otoño antes de comprar pájaros, ya que serán demasiado jóvenes para criar en la próxima temporada. Es más, los pájaros de los primeros días del otoño le permiten elegir entre las primeras nidadas de la época. En cambio, los pájaros de nidadas posteriores con frecuencia son de calidad inferior.

Este consejo se refiere a los pájaros provenientes de criadores, los cuales venden la mayor parte de su producción a las tiendas de animales. Hay también algunos criadores que esperan hasta la primavera antes de vender sus pájaros porque entonces pueden aumentar los precios. Pero no hay que olvidar que cuesta bastante dinero mantener a los pájaros durante el invierno, y además se corre el riesgo de que alguno muera; por este motivo la mayoría de los criadores se deshace de sus excedentes antes de que comience el invierno.

Cómo tratar a los canarios

Hay muchos canaricultores en potencia que todavía no se han hecho la pregunta de cómo tienen que tratar a sus pájaros. Sin embargo, los que amen de verdad a los animales poseerán un don natural para tratar a los canarios. Aprenderán fácilmente y no les costará ningún trabajo.

Cuando vaya a tratar con estos pájaros, esté tranquilo y relajado, y en su presencia, haga todo lo posible para evitar que se asusten. Por tanto, no grite, no realice movimientos repentinos y no exponga al pájaro a situaciones inusuales.

El canaricultor de ánimo relajado, que respeta a sus pájaros, tendrá pájaros tranquilos. Hábleles suavemente cuando esté cerca de ellos o cuando entre en la pajarera. Es importante hablar a los pájaros, pues crecerán acostumbrándose a esa voz tranquila, conocerán cuándo llega el «jefe» y sabrán que no hay necesidad de alarmarse ya que con toda probabilidad les lleva comida y agua.

Cuando este «jefe» introduce su mano en la jaula de incubación para rellenar el comedero, los pájaros permanecerán tranquilos, siempre y cuando esa mano no les asuste; una voz suave y tranquila les asegurará que no hay nada que temer.

Por supuesto que esto es especialmente importante para los pájaros de cría. Durante la época de reproducción, pero también fuera de ella, el canaricultor consciente deberá tener cuidado de las indiscreciones aparentemente más insignificantes. Por ejemplo, si entra todos los días en la pajarera de cría sin sombrero, no debería entrar repentinamente un día llevando uno, pues provocaría más tensión y preocupación de la que nos podríamos imaginar. Los canarios son pájaros bastante sensibles, debido a que, si se comparan con perros y gatos, por ejemplo, no llevan mucho tiempo domesticados por el ser humano.

Los canarios son animales capaces de reproducirse en pequeños espacios de la casa, y siempre serán pájaros acostumbrados a los espacios pequeños. El criador que permite a todo el mundo e incluso a su perro entrar en su habitación de cría, se puede permitir más indiscreciones que la persona que recibe sólo unos pocos visitantes durante la época de cría. No obstante, le recomiendo que mientras los pájaros están empollando e incubando, sólo permita la visita en la habitación de cría o en la pajarera a las personas habituales, pues los pájaros se pueden molestar ante los extraños, con consecuencias posiblemente desastrosas.

De vez en cuando, es necesario sacar un pájaro de su jaula o pajarera. Ello puede convertirse en una tarea difícil que necesita ser realizada con sumo cuidado. Si es demasiado brusco, el pájaro sufrirá mucha tensión y es posible que se lastime; si es demasiado cuidadoso, puede tardar mucho tiempo en coger al pájaro, que sufrirá de igual forma. Si el pájaro se encuentra en una pequeña jaula, es mejor sujetarlo con la mano. En primer lugar introduzca la mano en la jaula, manténgala quieta durante un minuto hasta que el pájaro se pose sobre ella, y entonces rápidamente agarre al pájaro suave pero firmemente alrededor del cuerpo.

En las jaulas mayores o pajareras, es mejor usar una red que tenga un diámetro de aproximadamente 25 cm y una profundidad de 35 a 40 cm. Esta red se puede comprar en las tiendas de animales, pero es bastante fácil fabricarse una con una pieza de tela de gasa y un alambre forrado. El mango debería tener 50 cm de largo, y quizá más si posee una pajarera particularmente grande.

En general, resulta más fácil capturar a los pájaros durante el vuelo usando una red como ésa, ya que hay menos posibilidad de herirlos. La captura de los pájaros con la red debería realizarse con un mínimo de alboroto y tan rápida como sea posible. Si permite que la captura se convierta en una cacería, lo único que conseguirá es que los pájaros se hagan mucho daño.

Si tiene que capturar varios pájaros de una misma pajarera, hágalo en dos o tres etapas. Es mejor dedicar dos etapas de cinco minutos que una de diez minutos, pues un tiempo de captura breve resulta menos estresante para los pájaros.

Muchos criadores se han encontrado con pájaros muertos en las pajareras después de haber realizado un gran esfuerzo para capturarlos. Esto es un ejemplo de lo fácil que es provocar tensión en los pájaros y de lo grave que esta tensión puede llegar a resultar.

EL ALOJAMIENTO DE LOS CANARIOS

Como los canarios llevan ya domesticados mucho tiempo, se adaptan a casi cualquier situación, y se sienten a gusto tanto si están en una pequeña jaula colgada en la sala de estar, en una pajarera interior, como en una pajarera exterior con una parte protegida. Se reproducirán igualmente en una jaula de incubación o en una pajarera, sin importar demasiado el lugar donde estén situadas. Se ha llegado a criar canarios en habitaciones y cocinas, en invernaderos y desvanes, e incluso en sótanos (aunque esta última ubicación no es especialmente recomendable).

Un canario en un balcón puede proporcionarle años de placer. Hay canarios que llegan a los quince años de edad –lo que representa toda la vida de un canario– viviendo siempre en una jaula doméstica.

El canario no tiene grandes exigencias. Mientras su comedero esté regularmente lleno, y su agua sea fresca, y mientras se le ofrezca una ocasional golosina a base de hierbas, álsine por ejemplo, y algún hueso de jibia, el pájaro se encontrará feliz.

Es bastante reprobable muchas de las cosas que los dueños ofrecen a sus canarios domésticos. Frecuentemente los alimentan de sobras de su comida y les ofrecen trozos de carne, patatas, pasteles, azúcar, y toda clase de alimentos nada recomendables. Esto no es bueno para el canario. Algunos canaricultores afirman que sus pájaros comen encantados un trozo de grasa de bacon, pero no sacarán ningún provecho de ello; sólo conseguirán convertirlos en unos pájaros sedientos y obesos.

Por supuesto que puede alimentar a sus canarios con lo que quiera, pero si desea que su pájaro goce de buena salud, ofrézcale una dieta equilibrada y consiga que haga un ejercicio adecuado.

La jaula

El canario no es demasiado exigente con respecto a las jaulas. Por supuesto que una jaula grande, preferiblemente que sea larga, es mejor que una jaula pequeña o alta, ya que en aquélla el pájaro tendrá más libertad de movimiento. En una jaula de estas características y situada cerca de una ventana, donde le toque un poco el sol, mantendremos al canario saludable y feliz, y ello le animará a cantar.

Si hace poco que tiene el canario en casa, es mejor que sitúe la jaula a la altura de los ojos durante las primeras semanas, pues así el pájaro se sentirá más a gusto. Después, ya le puede trasladar a una posición más alta o más baja, si así lo desea. Tenga cuidado siempre de las corrientes de aire; no sitúe la jaula en una zona de corrientes. Si tiene que abrir la ventana que está cerca de la jaula, cambie primero la jaula de sitio para que el pájaro no se encuentre en plena corriente de aire.

Algunas veces las jaulas se cuelgan del techo, próximas a la parte superior de la ventana; pero éste es un lugar equivocado ya que la temperatura en la parte superior de la habitación, sufre muchas variaciones. Durante el invierno, cuando la calefacción está encendida, el calor asciende al techo, y cuando las personas que están en la habitación disfrutan de una temperatura agradable, el canario está asado de calor. Y por la noche, cuando la temperatura baja, o cuando la puerta se ha dejado abierta para ventilar la habitación, el canario se puede enfriar de repente.

Los cambios bruscos de temperatura pueden causar diversos trastornos en el pájaro, como molestias intestinales o una muda fuera de época, como es el caso de la llamada falsa

Una jaula espaciosa y larga es mejor que una pequeña o alta. Las perchas deberían estar lo suficientemente separadas para evitar que los excrementos del pájaro que está arriba manchen al pájaro que está debajo.

El Gloster consort es una raza de canarios de cabeza lisa. Cuando tienen moño se denominan Gloster corona

muda, una muda continua que da como resultado el que las plumas nunca adquieren un perfecto desarrollo. Los pájaros continúan perdiendo algunas plumas, dejan de cantar, y gradualmente su salud comienza a resentirse. Una excesiva exposición de los canarios a la luz artificial también puede ocasionar una falsa muda; para evitarlo, debemos cubrir la jaula parcialmente con una tela negra u oscura. Los canarios tampoco están muy a gusto en jaulas que se mueven debido a las corrientes de aire.

Por supuesto que durante el buen tiempo no hay motivo por el que la jaula del canario no pueda sacarse al exterior. Un canario que pasa la mayor parte del tiempo en una habitación sombría, seguramente se beneficiará del aire fresco y de la luz del sol.

En las tiendas de animales se puede ver una gran cantidad de jaulas, construidas la mayoría de ellas teniendo en cuenta a sus futuros inquilinos. Sin embargo, hay algunos modelos que son totalmente inadecuados para los canarios, por ejemplo, la popular jaula vertical tipo torre, que probablemente sólo resulta adecuada para un par de tórtolas o pequeños pájaros tropicales. Para los canarios son muy adecuadas las jaulas con barrotes verticales, mientras que las que tienen barrotes horizontales es mejor reservarlas para los pájaros con picos ganchudos, como los periquitos y loros.

Aunque es preferible que los pájaros dispongan de tanto espacio como sea posible, esto no significa que haya que descartar las jaulas pequeñas. Los éxitos de la cría de canarios no están garantizados en ese tipo de jaulas, pero el aficionado que posee un solo pájaro en casa, evidentemente no está interesado en la cría; su principal prioridad es obtener un buen pájaro cantor. Tampoco es muy probable que vaya a participar en exposiciones o en competiciones de cantos de canarios. En realidad, sólo desea que el pájaro le proporcione compañía en su hogar y quizá que le sirva como tema de conversación cuando reciba visitas.

Clases de jaulas

Las distintas variedades de jaulas que ofrecen las tiendas, cambian, y

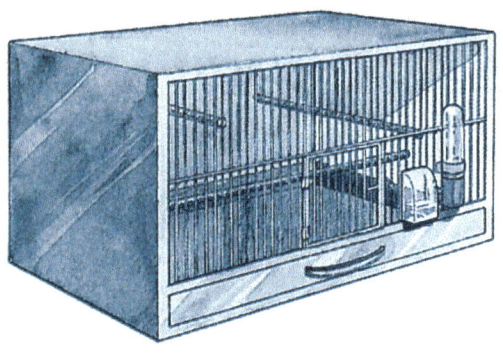

La jaula-cajón, especialmente indicada para la cría de canarios debido a la intimidad que ofrece, debería situarse en un lugar iluminado y fuera de las corrientes de aire

Jaulas

La longitud de la jaula es de primordial importancia. Es mejor tener en cuenta los siguientes tamaños mínimos:
- *Jaula de canarios doméstica:* 50 x 35 x 40 cm; el enrejado debe tener un calibre 19, es decir, 12,5 x 12,5 mm, como máximo.
- *Jaula estándar para canarios:* 60 x 50 x 60 cm.
- *Jaulas para cría:* 1) Jaula para cría simple: 50 x 30 x 40 cm; 2) Jaula para cría doble: 100 x 30 x 40 cm. Esta jaula se divide en dos partes mediante un separador o compuerta deslizable de madera o tela metálica; 3) Jaula para cría triple: 150 x 30 x 40 cm, con dos separadores. Al dividir la jaula en tres partes, el canario macho puede ocupar la parte central, y al retirar cualquiera de los dos tabiques, se dirige a cualquiera de las dos hembras que están en los compartimentos laterales. Después de la estación de cría, se retiran los dos tabiques y se convierte en una excelente jaula de vuelo para las hembras.

generalmente mejoran, de un año a otro. Afortunadamente ya han pasado esos días en que el canaricultor alojaba al pájaro es una jaula diminuta que apenas contaba con el espacio suficiente para que el animal pudiera volar. Las jaulas actualmente disponibles son por lo general voluminosas, grandes, y con frecuencia con acabados en cromo y vidrio. Disponen de bases de plástico de vivos colores, que son muy higiénicas e impiden la formación de óxido, donde podrían acumularse bacterias y otros gérmenes no deseados, y evitan que las semillas u otros desechos caigan sobre la alfombra.

Además, como la base se puede separar con facilidad de la parte superior de la jaula desencajando unos pocos enganches, no hay necesidad de sujetar al canario mientras se hace la limpieza. Simplemente, se retira la parte superior con el pájaro sobre su percha y se coloca sobre un papel de periódico, y mientras tanto se limpia la base concienzudamente. De hecho, la base se limpia con agua jabonosa templada, se aclara y se deja secar, lo que puede tardar más o menos un minuto. El cuerpo principal de la jaula debe contar con portezuelas laterales con objeto de que las perchas se puedan extraer fácilmente para su limpieza y lijado. Es mucho más cómodo que los comederos, bebederos y baño se puedan extraer, y que se sujeten en las puertas de la jaula o en las aberturas especiales a tal fin, para causar de esta forma un mínimo de molestias al pájaro.

También existen a la venta unos soportes especiales de gancho, de los cuales se cuelga la jaula, pero no son recomendables porque la jaula se moverá al más ligero movimiento, roce o golpe. No están diseñadas para favorecer la tranquilidad del pájaro. Una jaula debe situarse preferiblemente a nivel de los ojos o a un nivel superior; por decirlo de alguna forma, el pájaro se siente más feliz si le puede observar desde una posición un poco elevada.

Actualmente, se están comercializando las llamadas jaulas francesas, generalmente blancas, con aspecto antiguo, con techos a dos vertientes, decoraciones de hierro forjado, etc. Aunque con frecuencia es difícil ver a un pájaro en una jaula de estas características, no hay ninguna objeción a su compra, si el pájaro dispone dentro de ella del espacio que necesita para su movilidad. Con relación a los tamaños de las jaulas, los canarios de forma –canarios cuyos estándares están basados en su forma y en la posición que adoptan– requieren más espacio, y por tanto, jaulas mayores que las variedades de canto y color.

El Hoso japonés es un canario fino y ligero

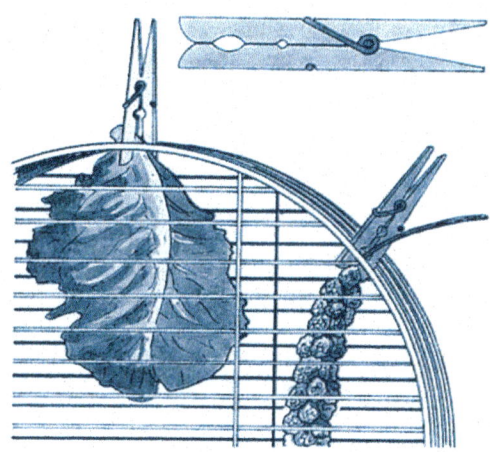

Las pinzas de madera son muy útiles para sujetar en la jaula o pajarera golosinas como pueden ser verduras o espigas de panizo

Pinzas

Las pinzas de plástico de colores o de madera, de unos 10 cm de largo, como las que se utilizan para tender la ropa, resultan muy útiles al canaricultor, para mantener abierta una puerta y sujetar vegetales o piezas de fruta a la jaula. Incluso se pueden usar como perchas dentro de la jaula, y tienen la ventaja de que se pueden cambiar a otra parte de la jaula cuando se quiera. También se pueden usar igualmente en la pajarera y tienen muchas otras posibilidades que ya irá descubriendo sobre la marcha.

Perchas

Las perchas deben estar fabricadas de una buena madera dura, roble o haya, por ejemplo. No tienen que ser demasiado finas, un diámetro de 1-2 cm es perfecto, el pie del pájaro debe poder rodearla de forma cómoda. Las perchas que son demasiado finas no proporcionan la suficiente abrasión y por tanto favorecen el crecimiento excesivo de las uñas de los pájaros. Aparte de causar mucha incomodidad al pájaro, usted tendrá que cortárselas con frecuencia. Las perchas deberían, por tanto, tener una textura ligeramente áspera, que ayudará a que las uñas mantengan un tamaño adecuado. Si frotamos la percha con un papel de lija grueso, aproximadamente una vez a la semana, aseguraremos una adecuada aspereza. Las perchas de cerámica, disponibles en algunas pajarerías, también son buenas para mantener las uñas en la longitud adecuada.

Las perchas siempre deberían colocarse de tal forma que el pájaro al-

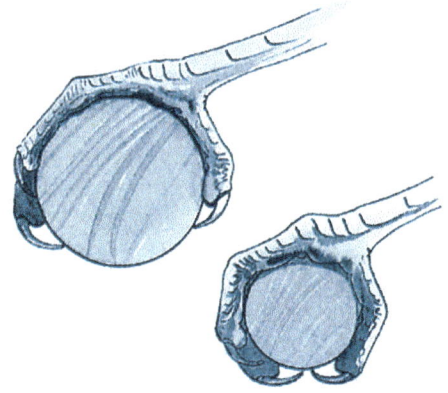

Los canarios no deben abarcar completamente las perchas con los dedos, sino que deben posarse de forma relajada sobre ellas (arriba)

cance con facilidad desde ellas los contenedores de grano y de agua. Un par de perchas en la parte superior de la jaula le servirán para dormir, ya que a los canarios, como a la mayoría de los pájaros, les gusta pasar la noche en el punto más alto posible. Sin embargo, asegúrese de que no están tan altas que la cabeza del canario roce el techo de la jaula, pues el pájaro acabaría con una zona calva en su cabeza.

No coloque demasiadas perchas en la jaula, pues de esta forma los pájaros no dispondrán del espacio suficiente para moverse y hacer ejercicio. Del mismo modo, no sitúe las perchas unas encima de otras, ya que el pájaro que se coloca encima puede ensuciar la percha que está debajo o a otro pájaro que esté en ella. Por razones similares, no disponga la percha directamente encima del comedero o bebedero, o demasiado cerca de la tela metálica, en el caso de la jaula de madera. Es una buena idea tener un buen surtido de perchas de diversos grosores, aproximadamente de 1 a 2 cm, por ejemplo, para que los músculos de los pies y patas de los pájaros hagan el suficiente ejercicio.

Orientación

Las jaulas o pajareras en las que se alojan uno o más canarios necesitan luz adecuada durante el día y tanta luz del sol como sea posible, pero hay que dejar al pájaro la posibilidad de ponerse a la sombra si así lo desea. Por tanto, las habitaciones y los jardines con orientación norte no son los lugares idóneos para instalar jaulas o pajareras. Un error que comete con frecuencia el principiante o futuro canaricultor es creer que la pequeña habitación oscura de la casa es el lugar ideal para colocar una jaula. Descártelo, a menos que coloque al pájaro delante de una ventana grande y luminosa, y que al menos reciba una hora de luz de sol cada día. Aunque la claridad y la luz del sol se puedan sustituir por luces fluorescentes y lámparas solares, los pájaros sufrirán las consecuencias de la carencia de luz natural, más tarde o más temprano.

Ello no quiere decir que los pájaros no vayan a sobrevivir unos años en tales situaciones; ciertamente pueden hacerlo, pero esto no es de lo que se trata en este libro. En mi opinión, el principal objetivo de toda persona que posea pájaros debería ser conseguir y mantener el mejor estado físico de sus pájaros. Los pájaros que no disfrutan de una cantidad suficiente de

El Lancashire fue creado alrededor de 1820. Existen dos variedades, con moño y sin él

41

luz natural al día pronto comienzan a perder el brillo de su plumaje y la brillantez de sus colores; pronto se ven reducidos a pequeños y lastimeros montones de plumas, que sobreviven como pueden. Todos esos pájaros, con demasiada frecuencia caros y bellos, que están encerrados bajo esas condiciones, mueren lentamente a pesar de tener satisfechas sus demás necesidades vitales.

El cuidado de los pájaros puede ser comparado con el de las plantas de interior. No importa lo mucho que se sepa sobre plantas ni lo cuidadosamente que se intente asegurar que tienen satisfechas todas sus necesidades de abono y tierra; sin la luz adecuada o sin la luz directa del sol, según las especies, es muy posible que tenga que acabar tirándolas al cubo de la basura.

Por tanto, es absolutamente necesario que al menos la parte frontal de la jaula (en el caso de una jaula-cajón en la cual sólo haya barrotes delante) o de la pajarera tenga orientación sur. Si esto no es posible, entonces sitúe la jaula lo más al sur que pueda, y preferiblemente con orientación sureste en lugar de suroeste. Si la parte frontal no está totalmente orientada al sur, resulta muy útil cubrir la parte delantera de la pajarera con un cristal o con un plástico transparente. La pajarera también debería estar colocada en un lugar protegido, rodeado preferiblemente de flores, plantas y arbustos pequeños que aumentarán su interés y atractivo.

Las jaulas o pajareras interiores también deberían, preferiblemente, estar cerca de una gran ventana orientada al sur –cuanto más grande, mejor– y de nuevo, si no es posible esta orientación, es preferible el sureste al suroeste para que los pájaros puedan disfrutar de unas pocas horas de luz del sol al día. Estas disposiciones interiores también nos sirven para diseñar los lugares ideales en los que colocar las plantas de interior. Utilice su talento artístico para disponer sus plantas y pájaros en un punto de atención interesante y atractivo de la casa.

Jaulas-cajón

A todos los pájaros les gusta gozar de una cierta intimidad, y por tanto, se sentirán mucho más felices en una jaula que esté cerrada. La jaula-cajón es, como su nombre sugiere, un cajón de madera con una tela metálica o con una parte frontal de barrotes, que da al pájaro la máxima intimidad y reduce la posibilidad de sufrir las «amenazas» procedentes del exterior. Sin embargo, es muy importante que una jaula de estas características esté situada en una orientación luminosa. Pero hay que ser muy cuidadoso, pues una jaula-cajón se puede convertir en

EL ALOJAMIENTO DE LOS CANARIOS

Las jaulas-cajón espaciosas se pueden apilar y usar como jaulas de cría

El Lizard se cría por su marcado dibujo en la espalda

una estufa si se deja a pleno sol. Por consiguiente, asegúrese que siempre queda al menos una parte en sombra en el interior. Otra precaución de seguridad consiste en taladrar unos cuantos agujeros en el techo del cajón, situados en la parte posterior, para que pueda escapar el aire caliente acumulado en el interior.

Como ofrecen tanta intimidad, las jaulas-cajón son ideales para criar parejas. Muchas personas las sitúan en las entradas de las casas y en los pasillos. No hay nada malo en ello, siempre y cuando no reciban corrientes excesivas de aire, que se producen sobre todo, cuando las puertas se están abriendo y cerrando continuamente. Los canarios pueden sentirse molestos por las corrientes de aire frío, lo que puede ser el origen de todo tipo de problemas de salud.

La base de la jaula

Todas las jaulas bien diseñadas deberían disponer de una bandeja removible en la base, que pueda ser extraída para su limpieza. La mayoría de las jaulas decorativas que se pueden adquirir en las tiendas de animales tienen su parte inferior removible o cuentan con bandejas de metal extraíbles. Las jaulas-cajón deben disponer de una bandeja de muy poco fondo que cubra la totalidad de la base de la jaula y que se pueda deslizar fácilmente a través de una estrecha abertura practicada en la base de los barrotes. Es mejor cubrir al principio la bandeja con algún papel grueso, el papel marrón de embalar es perfecto para el caso, y después extender una capa de unos 2,5 cm de arena limpia o de gravilla, ambos disponibles en las tiendas de animales. Cada semana hay que reemplazar los desechos caídos en el suelo. Para evitar que la arena, las semillas y las cáscaras caigan fuera de la jaula, es conveniente fijar alrededor del borde inferior de la jaula un cristal de unos 10 cm de alto. Por supuesto, en las jaulas de diseño ya están incluidos.

Cubierta de la jaula

Aunque muchos canaricultores creen que es correcto cubrir por la noche la jaula de los canarios con una tela, el canario no siempre es de la misma opinión. El mejor método consiste en cubrir parcialmente la jaula para que la luz del sol no incida directamente sobre el pájaro. De esta forma el propio pájaro puede escoger si quiere o no situarse en la luz.

Cuidados

Es muy recomendable que los canarios enjaulados vuelen libremente por la habitación con regularidad. Sin embargo, hay que tener mucho cuidado para evitar cualquier riesgo

Muchas plantas de interior son venenosas; retírelas de la habitación antes de soltar a los pájaros

potencial que pudiera llegar a constituir un peligro para el pájaro. Las ventanas y las puertas deben permanecer bien cerradas, por razones obvias. Cierre las ventanas con cortinas para evitar que el pájaro vuele hacia el cristal y choque contra él, posiblemente con consecuencias fatales. Cubra o retire los espejos por la misma razón. Apague los aparatos eléctricos, incluyendo radiadores, estufas, etc. Los ventiladores de techo son especialmente peligrosos, por tanto asegúrese de que están apagados cuando el pájaro vuele fuera de su jaula. Asegúrese de que la chimenea está apagada y cerrada para que no haya ninguna posible vía de escape en la habitación.

Las plantas de interior y las flores cortadas pueden representar un peligro para el pájaro. Si hay alguna posibilidad de que una planta sea venenosa, retírela de la habitación antes de que el pájaro salga de la jaula. Los cactus pueden ser responsables de que el pájaro resulte herido, pues sus pies pueden quedar atrapados en las espinas. Es preciso cambiar los cactus de habitación o cubrirlos, antes de que el pájaro salga de la jaula. Tampoco hay que fiarse de otros animales domésticos, como los perros y especialmente gatos. A veces el animal doméstico puede comportarse como el mejor de los compañeros con sus amigos emplumados cuando usted está presente, pero cuando se dé la vuelta, el pájaro puede formar parte del menú canino.

Algunas de las plantas más comunes que son potencialmente venenosas para los pájaros

Amarilis	(*Amayrillis sp*)
Cólquico	(*Colchicum sp*)
Azalea	(*Azalea sp*)
Memordica charantia	
Ave del Paraíso	(*Ponciana gilliensii*)
Boj	(*Buxus sp*)
Caladio	(*Caladium sp*)
Ricino	(*Ricinus communis*)
Solandra sp	
Jatropha multifida	
Narciso	(*Narcissus sp*)
Diefembaquia	(*Dieffenbachia picta*)
Colocasia	(*Colocasia sp*)
Jacinto	(*Galtonia sp*)
Hortensia común	(*Hydrangea macrophylla*)
Tejo	(*Taxus cuspidata*)
Judía o frijol	(*Phaseolus lunatus*)
Lantana	(*Lantana sp*)
Lirio de los valles	(*Convallaria majalis*)
Narciso	(*Narcissus sp*)
Dulcamara	
Belladona	
Berenjena, excepto el fruto	(solanáceas)
Adelfa	(*Nerium sp*)
Filodendro	(*Philodendron sp*)
Rododendro	(*Rhododendron sp*)
Pachyrhissus erosus	

El Milanés es igual que el Rizado parisino excepto en que siempre tiene que ser de un solo color

Las jaulas no se deben colocar sobre el alféizar de la ventana o sobre un armario demasiado cerca del techo. Es preferible fijar un estante especial para situarla, justo por encima de la altura de la cabeza. Si varios machos se alojan en jaulas diferentes en la misma habitación, deberían colocarse de tal forma que los pájaros no se vieran unos a otros. Los machos dejarán rápidamente de cantar si ven a los otros machos. Las hembras también deberían mantenerse alejadas de la vista de los machos por razones similares.

Nunca coloque una jaula demasiado cerca o en frente de la televisión; los rayos procedentes de la pantalla pueden resultar insanos para estos pequeños y sensibles pájaros. El parpadeo continuo de las imágenes de televisión también resulta perjudicial para sus pequeños ojos. Cuanto más alejados estén de la televisión, mejor, preferiblemente incluso en una habitación independiente. Ciertos estudios han revelado que es mejor cubrir la jaula cuando la televisión está encendida, y que la distancia entre la televisión y la jaula no debería ser menor a cinco metros.

La televisión

Nunca hay que poner al canario, o a cualquier otro pájaro, delante de la televisión. Un científico alemán investigó sobre la teoría de los rayos dañinos que salen del televisor y demostró que en realidad no había ninguno. Sin embargo, descubrió que los pájaros ven la televisión como si fuera una serie de ráfagas cegadoras o, en otras palabras, detectan los rápidos cambios de los puntos en la pantalla. Por tanto, si tiene el televisor en la misma habitación que el canario, asegúrese de proteger la jaula cuando la distancia entre la jaula y la televisión sea menor a cinco metros.

La limpieza de la jaula

La jaula tiene que estar inmaculadamente limpia. Una acumulación de suciedad también puede significar la proliferación de organismos patógenos peligrosos para la salud de los pájaros, y a veces incluso de los humanos. La jaula, perchas, comederos, bebederos, bandeja de baño, pinzas para la comida, y todos los demás accesorios deberían limpiarse a conciencia al menos una vez a la semana. Es mejor hacer de la limpieza un trabajo rutinario, y hacerlo, por ejemplo, el sábado por la mañana.

Todos los accesorios tienen que lavarse en agua jabonosa caliente, y aclararse y secarse totalmente antes de volverse a colocar en su sitio. Hay que deshacerse de los contenedores de alimentos que estén rotos o rajados, y cambiarlos por otros nuevos, ya que pueden albergar bacterias y otros organismos perjudiciales para la salud. Lo más probable es que tenga que retirar al pájaro de la jaula para realizar las tareas de limpieza, por tanto ¿por qué no limpiar cuando el pájaro está dando su vuelo diario por la habitación?

Si posee varios pájaros y jaulas, tendrá que contar con una jaula de repuesto para albergar a los canarios mientras se realiza la limpieza. Si enfrenta las dos puertas, le resultará fácil pasar los pájaros de una jaula a la otra sin necesidad de cogerlos. Los pájaros que estén incubando o criando no deberían ser sacados de sus jaulas ni tampoco ser molestados; proceda únicamente con la limpieza de la bandeja de la base y de los accesorios durante este período.

Instalaciones para el baño

A muchos pájaros que viven en libertad, incluyendo los canarios silvestres, les gusta bañarse revolcán-

Al menos una vez al día, el canario debe tener acceso a su bañera. Esta bañera de plástico se adapta al hueco de la puerta de la jaula

A los canarios rizados se les debe rociar con un vaporizador

dose en la hierba húmeda. Si hay una zona con hierba en su pajarera exterior, disfrute de la visión placentera de sus canarios retozando en el rocío de la mañana. Sin embargo, los pájaros enjaulados y los que viven en pajareras de interior no pueden disfrutar de este placer, pero sí pueden darse un buen baño. Las bañeras en miniatura, de plástico o metal, fabricadas para adaptarse en la puerta abierta de la jaula, se pueden adquirir en cualquier tienda de animales.

Sus canarios harán un buen uso del agua que les ponga; chapotearán y batirán las alas, permitiendo que el agua fría recorra toda su piel, lo que les produce una grata sensación, y se volverán a bañar cada vez más a menudo y más rato. Sin embargo, una vez al día es lo más adecuado, y después del primer baño del canario, lo mejor es tirar el agua. En caso contrario, la arena del suelo de la jaula se convertiría en un lodazal.

Si va a presentar sus pájaros en una exposición, es necesario que les dé un buen baño al menos una semana antes. En primer lugar, prepare dos recipientes poco profundos con agua caliente, a unos 25 °C, y disuelva un poco de jabón suave en uno de ellos. Una buena marca de lavavajillas resulta excelente para el baño. Tome al pájaro en la mano, de tal forma que el pulgar y el índice sujeten suave pero firmemente su cabeza. Introduzca al pájaro en la solución jabonosa, pero mantenga su cabeza seca y asegúrese de que no entra ningún líquido en sus ojos, pico u orificios nasales. Introdúzcalo en el agua varias veces hasta que todas sus plumas estén totalmente mojadas. A continuación, humedezca una vieja brocha de afeitar o algo similar en el agua jabonosa, y cepille el plumaje en dirección a la cola. La cabeza y el cuello se limpian con cuidado con una esponja suave. De nuevo, hay que tener cuidado de no introducir jabón en los ojos, nariz y pico. Las plumas de las alas se extienden sobre el borde del recipiente y se cepillan cuidadosamente. Debe hacerse con mucha delicadeza para no arrancarle ninguna pluma, un inconveniente a la hora de exhibir canarios. Cuando el pájaro ya se ha enjabonado completamente, se le aclara en el agua limpia. Introduzca al canario en el agua varias veces, y luego cepille su plumaje hasta que recupere su forma.

Finalmente, seque al pájaro con una toalla suave y caliente, frotándolo en dirección a la cola. Devuélvalo a su jaula –en la que no habrá arena–, situada en un lugar caliente y libre de corrientes de aire, nunca al sol directo. Hay que dejarle así al menos durante 24 horas para que se seque completamente. Algunos canaricultores emplean un secador de pelo, pero hay que

EL ALOJAMIENTO DE LOS CANARIOS

El lavado del canario. Introduzca cuidadosamente al pájaro en un recipiente hondo lleno de agua jabonosa, a unos 25 °C. Enjabónelo, si es necesario

Lávele la cabeza con los dedos o con un cepillito suave, cuidando de que no le entre líquido en los ojos, pico u orificios nasales. Aclare con agua limpia templada

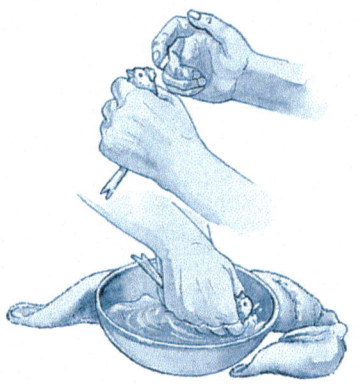

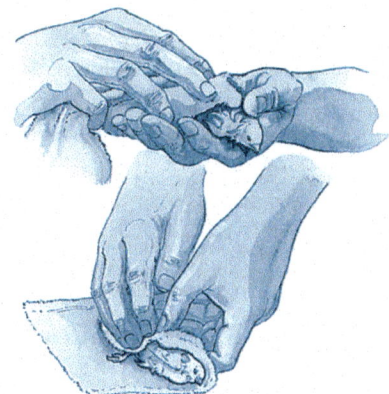

Seque el exceso de agua con una toallita tibia. También puede envolver al pájaro en una tela o toalla tibia

51

utilizarlo con mucho cuidado, ya que demasiado calor puede hacer que las plumas se enrollen, así como provocar molestias en el pájaro.

Cuidados durante el verano

Sea cual sea la clase de pájaros que posea, la higiene es lo más importante. La limpieza está especialmente indicada durante las épocas más cálidas del año. Los alimentos perecederos (comida comercial, comida de cría, pan empapado en agua, vegetales, etc.) se estropean con mucha más celeridad de lo que nos podamos imaginar. Con la suciedad, los parásitos y otros insectos molestos se reproducen con más rapidez, con lo que se fomenta el rápido crecimiento de las bacterias. Y, a pesar de lo extraño que pueda parecer, no hay que ignorar la posibilidad de que los canarios padezcan un golpe de calor. La inspección diaria de todos los pájaros y de sus alojamientos es por tanto, una actividad esencial.

Los pájaros que pasan la mayor parte del año en jaulas de interior se beneficiarán de una excursión ocasional al exterior, dentro de sus jaulas, durante la primavera y el verano. Sin embargo, no les deje a pleno sol. Tampoco coloque la jaula donde pueda encontrarse a merced de perros, gatos y otros enemigos de los pájaros. Si tiene gatos, tendrá que estar en alerta constante. Como un regalo especial, permita que su canario se alimente de hierba situando la jaula, sin la parte inferior, directamente sobre el césped. Es aconsejable permanecer junto al pájaro mientras está sobre la hierba. Por supuesto, el pájaro sólo debe posarse sobre un césped que no haya sido fertilizado ni tratado químicamente.

Qué necesitan de usted los canarios

El texto anterior pudo haberle llevado a pensar que un canario enjaulado requiere muy pocos cuidados y muy poca alimentación. En efecto, estos pequeños cantantes llenos de color y encanto no tienen grandes exigencias. Mientras se les proporcione su ración diaria de semillas de calidad, agua fresca para beber y para el baño, extras semanales de álsine, lechuga o espinacas, y un poco de calcio (un hueso de jibia colgado permanentemente en la jaula satisfará plenamente esta necesidad), sus pájaros le estarán agradecidos.

Hay que tener en cuenta que, aunque este plan de cuidados y alimentación no es estrictamente perfecto, son los mejores cuidados que muchas personas prestan a sus canarios domésticos. No hay que darles alimentos grasos o feculentos procedentes de nuestra mesa. El canario aceptará en-

Las plumas del Norwich están bien apretadas y son de textura muy fina, dando al plumaje la sedosidad y lisura necesarias para ofrecer un contorno limpio

cantado todo lo que se le ofrezca, pero esto no significa que necesariamente sea bueno para él. Se convertirá en un pájaro gordo y letárgico, especialmente si no hace mucho ejercicio. Por tanto, como ornitólogo y avicultor, le recomiendo por el bien de sus pájaros que si tiene esa costumbre, vaya eliminando tales «regalos» gradualmente.

Pajareras comunitarias

Los canarios son bastante adecuados como cohabitantes de una pajarera comunitaria. Una pajarera comunitaria es donde conviven varias especies de pájaros compatibles entre sí, y no agresivos, con un propósito ornamental. Los canarios no suelen comportarse de forma agresiva hacia otros pequeños pájaros exóticos, lo que les convierte en una opción excelente y colorista para añadir a su pajarera. Esto no significa por supuesto, que los canarios sean unas aves endebles. Es muy probable que una pareja de canarios machos juntos en una misma jaula lleguen a enzarzarse en una pelea si no se está pendiente de ellos. Sin embargo, tres o más machos juntos vivirán en armonía, y sus actividades básicamente inocentes y sus gestos amenazantes ya no implicarán ningún peligro.

Doble pajarera exterior con porche de seguridad (derecha). Se puede cubrir parte del tejado (o el tejado entero) con un plástico resistente para evitar que caigan en el interior los excrementos de los pájaros silvestres, y ayudar a proteger de esta forma a los pájaros de los gatos y aves de presa

Y a la inversa, hay que asegurarse de que los otros pájaros de la pajarera no atemorizan a los canarios. Como regla general, sólo deberían ponerse con pájaros de tamaño similar o más pequeños que ellos, y también habría que comprobar que no son agresivos. Incluso algunas especies de pájaros diminutos pueden ser absolutamente peleones si tienen la oportunidad. Una vez introduje un pinzón (*Fringilla montifringilla*) en una pajarera que contenía canarios. Resultó ser un pequeño «terrorista» para algunos de los canarios machos y literalmente barría el suelo con ellos. Tuve que separarlo inmediatamente, pero esta situación muestra que hay que vigilar las posibles actitudes hostiles y rectificarlas antes de que sea demasiado tarde. Hay que estar particularmente pendiente cuando se introduzcan nuevos especímenes en la pajarera.

En general, no es aconsejable mezclar canarios con periquitos o con cualquier otra ave de la familia de los loros. Estos pájaros de pico curvo tienen el hábito bastante antipático de atacar los pies de sus semejantes en un acto de agresión, y sus picos curvos pueden causar un gran daño. Aunque los loros y los periquitos se pueden defender a sí mismos, los canarios y otros pájaros de canto se encuentran en desventaja; por tanto, lo mejor es mantenerlos separados.

Si se ha tomado en serio su actividad de canaricultor, no espere tener mucho éxito con una pajarera comunitaria. Los canarios necesitan paz y tranquilidad cuando están criando, por tanto es mejor mantener al mínimo el número de otros pájaros.

Los canarios se pueden describir como unos pájaros neuróticos, en sentido figurado, con respecto a sus perchas. Al igual que a la mayoría de los pájaros, a los canarios les gusta que sus lugares de dormir sean los más altos, y pelearán como enloquecidos para conseguir las mejores perchas. Por tanto, asegúrese siempre de que hay suficientes perchas elevadas para todos los pájaros, además de algunas de reserva por si acaso. Las perchas deberían situarse bastante cerca del lateral, aunque no tan cerca que propicie la acumulación de suciedad, y en un lugar cómodo y libre de corrientes de aire. Es bastante improbable que las operaciones de asentarse por la noche sean totalmente pacíficas, aunque con esto debería eliminar la mayoría de los problemas.

Para evitar las peleas acerca de la comida, lo más conveniente es disponer de dos o tres comederos y bebederos repartidos por la pajarera. La paz y la tolerancia en una pajarera comunitaria son muy importantes. Las continuas riñas pueden causar tensión en algunos de los pájaros, y pueden reducir a nada los éxitos en la cría.

Las plumas del manto del Rizado del norte están divididas por una partición longitudinal que cae simétricamente sobre los hombros

Cuando se está utilizando una pajarera comunitaria con propósitos de reproducción, hay que disponer también de varios portanidos, preferiblemente el doble de nidos que de pares de pájaros haya. Para evitar peleas, coloque los portanidos tan alejados entre sí como sea posible.

La pajarera

Las pajareras se pueden construir en el interior de la casa, quizá en una habitación separada, en el desván, o incluso en el sótano, pero en la mayor parte de los casos se construyen en el exterior e incluyen un refugio para la noche. El tamaño de la pajarera dependerá de la cantidad de espacio disponible y a veces del presupuesto que se tenga. Pero es aconsejable hacerla tan grande como sea posible.

Es esencial que la pajarera exterior cuente con un refugio para la noche, que servirá como alojamiento para dormir y de protección contra las inclemencias del tiempo. Por consiguiente, este refugio deberá ser totalmente a prueba de lluvia y estar bien aislado contra las corrientes de aire. También debería ser lo suficientemente grande en caso de que los pájaros tengan que permanecer en el interior durante largas temporadas, como en las repentinas olas de frío, por ejemplo. Asimismo se recomienda que una parte de la pajarera exterior esté cubierta con paneles (como plástico transparente) para que los pájaros se puedan proteger de la lluvia sin tener que entrar en el refugio. Los accesorios para la reproducción se disponen también en esta zona resguardada.

Hay diseños muy variados para la construcción de pajareras, y cada persona puede diseñarlas según sus propias preferencias. Aunque es asunto de cada canaricultor la forma de construirse la pajarera, sólo hay que observar los jardines de muchas casas de ciudades y de pueblos para darse cuenta de cómo no deben construirse las pajareras. En muchos casos, los canarios viven hacinados en casuchas defectuosas y ruinosas, construidas con todo tipo de materiales de desecho, como cajas, uralita, telas metálicas de distintos tamaños, etc., que no dicen nada positivo de la habilidad de sus constructores. Sin embargo, lo más sorprendente de todo es que muchos de los canarios que se crían en estas monstruosidades arquitectónicas con frecuencia resultan ser excelentes especímenes en las exposiciones; un signo de que el aficionado es consciente de la belleza de sus pájaros, pero parece sufrir algún tipo de bloqueo mental a la hora de preocuparse por el estado y el mantenimiento de su entorno.

En cualquier caso, utilice materiales reciclados para construir sus paja-

El Rizado paduano fue reconocido en 1974

reras y refugios nocturnos, pero en aras de la estética, intente que su pajarera sea un punto de atracción en su jardín, en lugar de ser un mamotreto que destaque por su fealdad. No hace falta ser el perfecto «manitas» para construir una pajarera original, atractiva y práctica. Ahora bien, si usted se considera un completo inútil para hacerlo, busque la ayuda de alguien que no lo sea. La mayoría de las personas tienen un amigo o pariente que es hábil en el bricolaje, y con un pequeño soborno puede conseguir que le ayude. Las siguientes notas le serán útiles para construir una pajarera ideal, que por supuesto puede adaptar a sus propias conveniencias.

Situación

Siempre busque un lugar que esté orientado lo más cerca posible del sur y, si no es así, el sureste es preferible al suroeste. La superficie debería ser lo más lisa posible para facilitar la construcción. Escoja un sitio en el jardín que le permita disfrutar al máximo de su pajarera, con preferencia un lugar rodeado de flores y de arbustos, y si es posible, que se pueda contemplar fácilmente desde el interior de la casa.

Si la pajarera se apoya en la pared de un garaje, cobertizo, o cualquier otra construcción, o incluso sobre la pared de la casa, mucho mejor, ya que proporcionará un refugio ya terminado. Sin embargo, antes de levantar cualquier estructura, asegúrese de que no está violando ninguna ley local; en algunas zonas quizá sea necesario obtener de la autoridad local un permiso para edificar. Además, tenga presente a los miembros de su propia familia y vecinos. Hable del tema con su familia y llegue primero a un acuerdo con ellos; comente a sus vecinos lo que proyecta hacer y pregúnteles si tienen alguna objeción al respecto, como podría ser ruido, pérdida de las vistas, etc. Es infinitamente mejor dejar todas estas cuestiones muy claras desde el principio.

Materiales

Casi no hay límite para el número de tipos y tamaños de pajareras que resultan adecuadas para los canarios. Las pequeñas pajareras perfectamente encajadas, construidas totalmente de metal o madera trabajada, se pueden adquirir en los proveedores comerciales o directamente de los fabricantes.

Sin embargo, muchos canaricultores prefieren construirse las pajareras según sus propios diseños. El motivo es que con frecuencia resulta difícil adaptar una pajarera prefabricada en un lugar determinado, mientras que es mucho más sencillo construirse una a medida.

Algunos fabricantes ofrecen paneles para armar pajareras de todas las formas y tamaños, lo que le permitirá ahorrarse mucho tiempo. Sin embargo, lo más económico es construirse su propia pajarera con materiales de recuperación, siempre que tenga el tiempo suficiente y los conocimientos necesarios. Las pajareras se pueden construir de cualquier material, aunque si se la hace usted mismo, los marcos de madera probablemente sean el material más sencillo de manejar así como el más económico. Aunque el marco se puede situar directamente sobre el suelo, siempre merece la pena preparar unos sólidos cimientos. Hay varias razones para hacerlo, y la menos importante de ellas es proporcionar un acabado más profesional y atractivo. Los cimientos evitarán que los predadores e insectos horaden la pajarera y hagan estragos en los pájaros, además, la estructura de madera no estará en contacto directo con el suelo, lo que reducirá la posibilidad de que la putrefacción, termitas, etc., ataquen la madera.

EL ALOJAMIENTO DE LOS CANARIOS

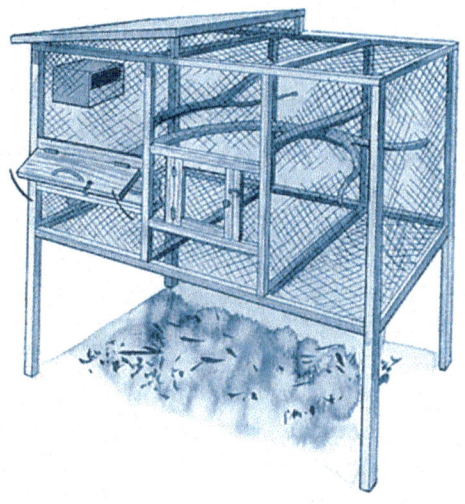

Esta pajarera posee una parte inferior de tela metálica, a través de la cual pueden pasar los excrementos y los alimentos no consumidos

Los muslos del Rizado parisino están cubiertos por plumas largas y rizadas

Construcción

Aunque el tamaño de la pajarera depende de las necesidades de cada canaricultor, supongamos aquí que va a construir una de 4 x 2 m, con un refugio de 2 x 2 m, que fácilmente podría acomodar a unas seis parejas de canarios y quizá también a unos cuantos pájaros exóticos.

En primer lugar, se cava una zanja con una profundidad y un ancho de 35 cm. En nuestro ejemplo, la pajarera tiene 6 m en cada lado largo y 2 m en el lado corto. Hay que cavar otra zanja adicional de 2 m a lo ancho para la unión de la pajarera exterior y el refugio. Usando estacas de madera, una regla y un nivel de burbuja lograremos que toda la construcción tenga un nivel uniforme. A continuación se vierte el hormigón (una buena mezcla consiste en una parte de cemento, dos partes de arena, y cuatro partes de grava mezcladas con agua para conseguir una adecuada consistencia) en la zanja hasta llegar a las estacas de nivel. Se apisona la mezcla y se allana. Cuando el hormigón está medio seco, se introducen unas varillas de hierro en la superficie para ayudar a fijar los ladrillos.

Deje transcurrir al menos 24 horas para que se seque la mezcla de hormigón antes de construir un muro bajo de unos 30 cm con ladrillos o bloques de hormigón cementados con mortero alrededor de los cimientos y en la zona de unión entre la pajarera exterior y el refugio. Para asegurar el marco de la pajarera, se cementan varios pernos entre los ladrillos y se apuntalan verticalmente a intervalos de 30 cm. Deje transcurrir 48 horas para que el mortero se seque antes de continuar.

El suelo del refugio se rellena parcialmente con piedra de cantera, luego con arena, y se cubre finalmente con una lámina de plástico a prueba de humedad; luego se rellena con unos 10 cm de hormigón hacia la parte superior del muro para conseguir un suelo sólido. Algunos canaricultores prefieren que el suelo de la pajarera exterior sea también de hormigón, pero personalmente me gusta dejarlo de tierra natural para luego poder plantar en él.

Ya sean comprados o construidos a medida, se deberían utilizar para la pajarera paneles de madera tratada de buena calidad, de 5 x 5 cm o de 5 x 7,5 cm. La altura mínima debería ser de 2 m, con lo que su pajarera tendrá esta altura más la altura del muro. Es más fácil adaptar tela metálica (la de acero galvanizado de 1,5 cm es la mejor) a los paneles antes de levantarlos. Los paneles se aseguran en los pernos de la parte superior del muro y luego se cierran, y los paneles del techo se colocan en último lugar. Una parte de la pajarera exterior puede llevar un techo de plástico ondulado transparente, con objeto de conseguir una es-

Amplia y espaciosa pajarera de jardín con porche de seguridad. Hay que procurar que la pajarera esté orientada al sur, preferiblemente en una zona en la que haya flores, arbustos y árboles que hagan las veces de marco natural

La mutación que dio lugar al Rizado del sur tuvo lugar en Holanda, aproximadamente en 1800

pecie de área protegida, aunque todavía exterior, a caballo entre la pajarera y el refugio nocturno.

El refugio se construye con paneles similares pero sin la tela metálica. Estos paneles se recubren de cartones impermeables o material similar en el exterior, y con alguna clase de panelado (contrachapado, madera aglomerada o un aislamiento que no sea de amianto) en el interior, y puede ser una buena idea aislarlo también. El refugio debería contar con grandes ventanas orientadas al sur, cubiertas con tela metálica.

El interior del refugio se pinta con una pintura lavable y que no contenga plomo. Un color suave mejorará el efecto de la luz solar, los pájaros lucirán mejor y será un aliciente para mantenerlo todo más limpio. El tejado del refugio debería aislarse con un techo interior y cubrirse simplemente con una cubierta bituminosa, una lámina ondulada de acero galvanizado, o, para hacerlo más atractivo, con tejas. El tejado se debe inclinar en el sentido contrario de la pajarera y de las vallas, paredes, etc. Si es necesario, se levanta un canalón y un tubo de desagüe para conducir el agua de la lluvia hacia un colector o quizá recogerla en un barril.

La entrada al refugio nocturno debería disponer de un porche de seguridad, un diminuto «vestíbulo» con una doble puerta. Así se puede entrar y cerrar la puerta exterior antes de abrir la tela metálica interior para penetrar en el recinto de los pájaros y asegurarse de que no haya fugas. Otra sugerencia consiste en construir un pequeño pasillo de inspección de unos 75 cm de ancho en el refugio, separado de los pájaros por puertas de tela metálica. El área de los pájaros se puede dividir horizontalmente por la mitad para que los pájaros utilicen la mitad superior, lo que facilita la limpieza del suelo, ya que la división estará situada aproximadamente a la altura del pecho. El área inferior también puede estar dividida por la mitad, verticalmente esta vez, una mitad para almacenar depósitos de alimentos, comederos adicionales, etc., y la otra mitad para guardar las jaulas de pájaros aislados.

La puerta de la pajarera se sitúa en el otro extremo del pasillo, mientras los pájaros se mueven entre las dos áreas a través de una ventana que se abre, situada lo más alto posible, practicada en la pared entre la pajarera exterior y el refugio. La ventana no necesita ser mayor de 20 x 20 cm, y se le puede adaptar un estrecho estante como base para que los pájaros puedan posarse allí y echar a volar cuando lo deseen. Se puede adaptar una puerta corredera a la ventana, con el fin de encerrar a los pájaros durante

Los canarios amarillos deben tener un color vivo sin ninguna decoloración en los bordes

el mal tiempo o de mantenerlos dentro del refugio para poder cogerlos mejor. Esta puerta se desliza a lo largo de unas estrías dispuestas en la pared exterior del refugio, y se fija al exterior de la pajarera por medio de una cadena, que se pasaría a través de un trozo de tubería de metal doblada. La puerta se mantiene abierta asegurando la cadena en un gancho (hay que tener cuidado de no atrapar ningún pájaro bajo la puerta cuando se suelte). Algunos canaricultores prefieren encerrar a sus pájaros en el refugio cada noche, y durante el invierno no es una mala idea. Sin embargo, durante el verano, especialmente en la época de cría, a los canarios les gusta salir al exterior más o menos al amanecer, por tanto es mejor dejar la puerta abierta.

Indicaciones generales

A continuación apuntamos algunos consejos adicionales en relación con la construcción y el mantenimiento de la pajarera. Cuando construya los cimientos, la tela metálica puede colocarse también a cada lado del hormigón debajo del suelo, para ayudar aún más a mantener la pajarera alejada de ratones y ratas, y si no se van a construir unos cimientos sólidos, este procedimiento es esencial.

Algunos canaricultores extienden también tela metálica sobre todo el suelo de la pajarera, a unos 15 cm por debajo del césped. La tela metálica también se usa para dar más resistencia a los cimientos y paredes de hormigón. Asegúrese de que cubre todos los puntos. Si pretende construir pajareras adyacentes para otras aves, como periquitos o loros, es preciso disponer una pared de tela metálica doble entre ellos para evitar que con sus picos curvos los loros muerdan las patas de los canarios, lo que puede suceder si rompen la tela metálica.

La tela metálica pintada de un color verde oscuro o negro reduce el deslumbramiento y permite contemplar a los pájaros con más comodidad. Después de pintarla, deje secar completamente la tela metálica antes de introducir algún pájaro en la pajarera. Emplee únicamente pinturas que no sean tóxicas. Las pinturas a la cal no se consideran seguras ya que suelen desconcharse y los pájaros pueden tragarse algún trozo de pintura con productos químicos dañinos.

Decoración de la pajarera

Aparte del mobiliario básico (comederos y bebederos, plataformas para la alimentación, perchas), la pajarera también puede quedar más atractiva si se decora, por dentro y por fuera, con plantas. Los árboles y arbustos no sólo mejoran su aspecto, sino que ofrecen también a los pájaros cierta protección contra las inclemencias del tiempo. Es más, a los pájaros les gusta pasar mucho tiempo en el exterior bajo la luz del sol durante el invierno, pero no necesariamente bajo los rayos directos del sol. Con unos espesos arbustos dentro de la pajarera, pueden disfrutar de la vida al aire libre sin sentirse aturdidos por tanto sol. Una decoración natural de arbustos y de plantas permite asimismo a los pájaros gozar de una sensación de intimidad y de seguridad, y les permite criar con mucha más eficacia.

Si el suelo de la pajarera exterior estuviera cubierto de cemento (algunos aficionados así lo prefieren por motivos de higiene y para evitar del todo a los roedores), plante algunos arbustos en grandes maceteros o jardineras. Otra ventaja de disponer de un conjunto adicional de plantas en macetas consiste en que puede cambiarlas cada dos o tres meses, permitiendo de esta forma que las plantas que estaban dentro de la pajarera tengan un período de descanso y de re-

Los árboles y arbustos no sólo mejoran el aspecto de una pajarera, sino que algunos también constituyen un buen refugio donde los pájaros pueden protegerse de las inclemencias del tiempo

cuperación en el jardín antes de volverlas a introducir.

Personalmente, prefiero un suelo natural en mis pajareras exteriores. De esta forma se puede cubrir de césped o sembrarse con hierba. En este caso, deje que la hierba se estabilice antes de introducir los pájaros. Plante dos zonas con flores y arbustos, preferiblemente hacia la parte posterior y hacia los extremos de la pajarera, asegurándose siempre de que queda todavía suficiente espacio libre para el vuelo.

A continuación enumero una lista de arbustos resistentes que son fáciles de cuidar e idóneos para su plantación dentro y alrededor de una pajarera de jardín. Pruebe con una mezcla de árboles de hoja perenne y de hoja caduca y arbustos para así tener follaje asegurado todo el año.

Enebro (*Juniperus communis*). Es una conífera perenne que puede llegar hasta los 10 m de altura o incluso más, pero que se mantiene ufana si se poda de vez en cuando. Puede adoptar formas interesantes, especialmente si se le da forma al podarlo. Las agujas están dispuestas en grupos de tres pequeñas guirnaldas. Se da bien en suelo pobre y proporciona una cubierta espesa en la pajarera. Otras especies de enebro también son plantas perfectas para una pajarera.

Alerce europeo (*Larix decidua*). Muy poco habitual debido a que es de hoja caduca; sin embargo, es un árbol atractivo, con un suave follaje verde que cuelga de ramitas que llegan hasta el suelo. Durante el otoño, las hojas adquieren un color dorado antes de caer. Crece bien en suelos pobres y conviene podarlo.

Abeto blanco (*Abies alba*). Árbol perenne particularmente atractivo que se da bien en los suelos pobres y arenosos. Sus agujas son de color verde oscuro brillante, con dos franjas azuladas que recorren el envés de la hoja, lo que da al árbol un aspecto plateado visto desde lejos. Su pariente cercano, el **abeto nordmann** (*A. nordmannia*) tiene agujas más largas unidas en una disposición parecida a la de un cepillo. En su forma juvenil es un arbusto ideal para una pajarera.

Pícea o abeto falso (*Picea excelsa*). Resistente árbol perenne cuyas agujas llegan a medir hasta 2,5 cm de largo, y están unidas individualmente a las ramas. Son de color verde oscuro y sus yemas carecen de resina. El tronco es recto, y las ramas brotan perpendiculares desde la parte inferior. La pícea común o abeto noruego (*P. abies*) es otra especie atractiva, útil en la pajarera en sus formas más jóvenes. Existen también otras especies

Plantas para la pajarera.
De izquierda a derecha y de arriba a abajo: Enebro, abeto noruego, pino albar abeto de Douglas

EL ALOJAMIENTO DE LOS CANARIOS

Canario amarillo con los bordes de las alas decolorados

muy adecuadas para su cultivo dentro del género Picea.

Abeto de Douglas (*Pseudotsuga taxifolia* o *P. menziesii*). Sus hojas forman dos hileras y miden de 18 a 33 mm. Son de un delicado color verde pálido en la parte superior, y de color verde grisáceo en la parte posterior. Aparecen irregularmente en la corteza diminutos nudos de resina. Este árbol puede crecer hasta los 90 m y medir 4 m de diámetro, por tanto sólo los especímenes jóvenes son adecuados para una pajarera.

Pino albar (*Pinus sylvestris*). Es un árbol que prefiere los hábitats arenosos y los brezales. Los pequeños especímenes son árboles atractivos y resistentes para una pajarera. Sus hojas son firmes, perennes y verdeazuladas, y crecen en pequeños ramitos, llegando a alcanzar los 8 cm de longitud. Los brotes rojizos apenas secretan resina. El pino austriaco o negro (*P. nigra*) tiene hojas aún más largas, de hasta 15 cm, y de un verde muy oscuro, agrupadas en pares, lo que lo convierte en un árbol muy decorativo. Sus brotes producen resina. Los especímenes jóvenes son útiles para la pajarera.

Tuya occidental (*Thuja* occidentalis). Constituye un excelente material de cercado que se puede recortar tempranamente para darle forma. Es ideal como cortavientos, especialmente en pajareras comunitarias con pájaros tropicales. Las hojas son verde oscuras en la parte superior y más claras más abajo, están festoneadas y con un diseño en forma de cruz. En el pasado, las damas jóvenes solían guardar una pequeña ramita de esta especie dentro de un pañuelo para disfrutar del olor agradable que emana cuando se le frota un poco. Este árbol, si se le permite, puede llegar hasta los 15 m de altura. Ahora crece en distintos lugares del mundo. La tuya oriental (*T. orientalis*) es similar pero toda la hoja tiene el mismo tono de verde. Originaria del Extremo Oriente, crece ahora en muchas partes del mundo.

Aligustre común (*Ligustrum vulgare*). Procede del sur de Europa y de Asia Menor, y es tan adaptable que se ha convertido en una peste de proporciones endémicas en algunos países en los que se ha introducido. No es necesario decir que es muy resistente y que es el arbusto perenne ideal para la pajarera. También es una excelente planta de seto. Sus robustas hojas lanceoladas son de un color verde muy oscuro, aunque también existe una variedad dorada. La madera es dura, y durante la primavera florece con una profusión de diminutas flores blancas.

Boj (*Buxus sempervirens*). Arbol perenne original de la región mediterránea. Sus pequeñas hojas ovales alcanzan un máximo de 2,5 cm. De color verde oscuro lustroso en la parte superior, tienen un brillo plateado en la parte posterior. Es una excelente planta de seto o para darle forma (se usa mucho en la jardinería de los jardines antiguos), pues proporciona una densa cobertura. Crece con bastante lentitud, pero esta característica puede constituir una ventaja en la pajarera.

Espirea japonesa (*Spiraea japonica*). Es una planta ideal para la pajarera debido a sus numerosas ramas, que forman una densa cubierta. Es un matorral caduco que crece hasta unos 2 m. Las hojas son extremadamente dentadas y lanceoladas, y llegan a medir alrededor de 10 cm de longitud. Cuenta con amplios capullos de 15 cm de ancho de pequeñas flores blancas o rosas, que nacen sobre los tallos erectos durante el final del verano.

Espirea falsa (*Sorbaria sorbifolia*). Es un árbol nativo de Siberia y por tanto, muy resistente. Crece hasta 3 m de alto, y los pequeños especímenes son ideales para la pajarera. Abre unas flores amarilloblancuzcas dispuestas en ramos al final del verano.

Bolita de nieve (*Symphiocarpus albus*). Arbusto caduco nativo de Norteamérica. Tiene ramas nudosas sobre las cuales les gusta anidar a los pájaros exóticos. Las hojas son ovaladas y pálidas y llegan a tener un color verde medio. Abre sus pequeñas flores rosas en julio y hasta septiembre, las cuales van seguidas de bayas blancas que a algunos pájaros les gusta comer.

Hiedra (*Hedera helix*). Planta trepadora perenne que es útil para cubrir postes o paredes. Las hojas jóvenes tienen de tres a cinco lóbulos, mientras que las que crecen en ramas maduras se vuelven

Plantas para la pajarera exterior. *De izquierda a derecha y de arriba a abajo:* tuya oriental, bolita de nieve, espirea japonesa y hiedra

ovales o con forma de diamante. Las hojas son duras y muestran una gran variedad de colores, desde el verde claro al verde oscuro, con vetas blancas y jaspeadas. Al final del otoño y del invierno desarrolla bayas azulnegruzcas a partir de las diminutas flores. La hiedra ofrece lugares de anidación para algunos pájaros tropicales, que también disfrutan comiendo las bayas.

Saúco negro (*Sambucus nigra*) y saúco común (*S. canadiensis*). Son arbustos resistentes, con flores blancas de fuerte aroma en junio y julio. Las hojas son de color verde oscuro, y las bayas negras que siguen a las flores son muy apreciadas por muchos pájaros. Por algún motivo, el saúco parece atraer a los áfidos, esos diminutos insectos chupadores de savia que son tan molestos en el jardín. Sin embargo en la pajarera, estos áfidos proporcionan un valioso suplemento alimenticio de proteína animal para los pájaros, que los buscarán ansiosamente entre el follaje. Es más, se puede colocar de vez en cuando en la jaula o en la pajarera una rama infestada de áfidos como fuente alimenticia suplementaria, que será especialmente beneficiosa durante la época de cría.

Espino (*Crataegus monogyna*). Es un arbusto de hoja caduca nativo de Europa y un habitante clásico de los setos ingleses. Las hojas verde brillante son dentadas y las ramas, densas y espinosas, lo que proporciona una cobertura excelente y lugares para la nidificación. En el otoño, sus bayas rojas son muy apreciadas por muchos pájaros.

Rosa silvestre (*Rosa multiflora*). Este arbusto apenas necesita descripción. Está muy bien adaptado para crecer tanto dentro como fuera de una pajarera, pues forma una cobertura densa y atractiva y proporciona buenos lugares para la anidación.

Rododendro (*Rhododendron ponticum*). Es un hermoso arbusto que tiene muchas variedades. Las hojas de la mayoría de los rododendros son venenosas, por tanto estas plantas son inadecuadas para aves de la familia de los loros. Sin embargo, como sus hojas son bastante duras, es muy improbable que sean perjudiciales para los canarios o pinzones. Los especímenes pequeños de rododendro se pueden convertir en densos refugios llenos de color para los pájaros de las pajareras exteriores. Como prefieren crecer en un suelo ácido, una gran

Plantas para la pajarera. *De izquierda a derecha y de arriba a abajo:* espino albar, saúco común, rosa arbustiva y rododendro

cantidad de materia orgánica como la turba, vertida alrededor de la raíz en el momento de la plantación, favorecerá el crecimiento y la floración.

Acebo de Oregón (*Mahonia aquifolium*). Es un arbusto perenne muy común procedente de Norteamérica. Al crecer hasta un metro, es ideal para la pajarera. Sus hojas brillantes, de color verde oscuro y muy duras, son ovales y parecidas a las del acebo, con bordes espinosos, y se vuelven de color rojo oscuro cuando se aproxima el invierno. Sus fragantes flores amarillas crecen en densos ramilletes desde marzo a abril, y son seguidas por apretados ramos de bayas azul-negruzcas en forma de bala, de las que disfrutan mucho los pájaros. Esta planta es muy resistente y se adapta muy bien a todos los suelos y condiciones.

Carpe blanco (*Carpinus betulus*). Éste es otro árbol de hoja caduca que crece hasta 15 m, pero que si se poda bien, puede convertirse en un denso refugio en el cual les gusta anidar a los pájaros pequeños. Sus hojas ovales de tallo corto, doblemente dentadas y de color verde claro, se vuelven de color marrón amarillento durante el otoño, y resisten bien en el invierno, aunque las ráfagas del viento frío pueden hacer que caigan repentinamente.

Este canario macho lipocrómico carece de pigmentación

Hay muchas otras plantas que se pueden elegir para la pajarera, de hecho la selección es prácticamente infinita. Entre las especies útiles hay que incluir: *Cotoneaster* o rosáceas (todas las variedades), la especie *Viburnum* (lantana, durillo), varias especies de *Vaccinum*, incluyendo el arándano (*V. oxycoccus*), el arándano de los pantanos o arbusto alto (*V. corymbosum*), el arándano o arbusto bajo (*V. pennsylvanicum* o *V. augustifolium*). A continuación se encuentran el espino amarillo (*Hippophae rhamnoides*), la jeringuilla (*Philadelphus coronarius*), y las diversas especies de *Genista*, incluyendo la retama africana (*G. monosperma*), la retama enana (*G. sagittalis*), la retama trepadora (*G. pilosa*), y la retama tintórea (*G. tinctoria*).

Al igual que las plantas del jardín, las plantas de la pajarera requieren un cuidado y un mantenimiento regulares. Precisan de un riego abundante durante los largos períodos de frío. Un vaporizador beneficia tanto a las plantas como a los pájaros, que juguetearán en el follaje verde. Es necesario efectuar un cultivo y una fertilización ocasional en la base de los arbustos, y hay que estar muy pendiente de podar los árboles y arbustos antes de que comiencen a dañar la tela metálica de la pajarera. Si los troncos de los árboles se vuelven muy gruesos, es una señal de que las raíces pueden estar dañando los cimientos de la pajarera, por tanto arranque el árbol y reemplácelo antes de que llegue a ese punto.

La habitación para los pájaros

Es un espacio dentro de la casa, que se ha destinado a los pájaros. Al igual que la pajarera exterior, debería contar con un porche de entrada, aunque en este caso no hay necesidad de disponer de un refugio nocturno. La habitación debe estar bien iluminada, con ventanas preferiblemente orientadas al sur. En las esquinas más oscuras debería usarse algún tipo de iluminación suplementaria.

Esta habitación para los pájaros la utilizan con frecuencia los criadores de canarios de color y de canto, y resulta muy útil para otras especies de aves tropicales y subtropicales. También existe la posibilidad de reunir unas pocas especies de pájaros exóticos, por supuesto siempre que sean compatibles entre sí. Las especies más costosas, como los pinzones australianos o

Una amplia pajarera de interior

los pájaros de canto más grandes, se encuentran muy a gusto en una habitación de estas características.

A algunos canaricultores les gusta dividir la habitación para pájaros, con el objeto de que haya una gran zona de vuelo, además de un área para las jaulas de cría, los accesorios, etc. Con bastante frecuencia, esta habitación para los pájaros puede ser más apropiada que una pajarera de exterior, especialmente para todos aquellos aficionados que dispongan del suficiente espacio libre para poder dedicarlo a su afición.

Naturalmente, se tendrá que planificar de antemano cómo conseguir que la habitación para pájaros sea eficaz y útil. El suelo debería ser preferiblemente de gres o de loza, cubierto con una capa de arena gorda o gravilla que habrá que reemplazar a intervalos regulares. La habitación se puede mejorar con plantas y arbustos dispuestos en macetas, que hay que cambiar con frecuencia para su recuperación y descanso. Con una pequeña nota artística se creará una habitación para pájaros en la que podrá pasar muchas horas muy agradables. Instale un banco o asiento para que pueda sentarse cómodamente y observar las travesuras de sus pájaros.

La pajarera de interior

A diferencia de la habitación para pájaros o habitación pajarera, en la cual toda la estancia se usa para los pájaros, una pajarera de interior es en realidad una gran jaula decorativa que se coloca en una esquina de una habitación.

La pajarera de interior es ideal para el canaricultor que no es demasiado ambicioso, o que no dispone del espacio suficiente en el jardín para construirse una pajarera. Es el habitáculo idóneo para todos los aficionados que sólo desean mantener y criar un pequeño número de pájaros. Se pueden comprar pajareras ya construidas; recientemente he visto algunas con ruedas que se pueden mover fácilmente de un lugar a otro.

Sin embargo, las mejores son aquellas que están construidas a medida del espacio que van a ocupar en la habitación, espacio que se debe respetar lo más posible. Si además está planificada de forma artística, la pajarera resulta muy atractiva. He visto pajareras de interior espléndidamente construidas y en las cuales los pájaros se crían perfectamente aunque los niños jueguen a diario en el suelo o en una mesa a menos de un metro de distancia de los nidos. Por supuesto, sus deseos de éxito en la reproducción de pájaros tendrán más probabilidades de verse satisfechos si la pajarera está situada en un lugar mucho más tranquilo, pero esto nos demuestra que todo el mundo puede tener el placer de criar pájaros, incluso con el mínimo de instalaciones.

Mantenimiento general

Además del mantenimiento de las plantas de la pajarera, hay que llevar a cabo regularmente varias tareas. La arena usada para el suelo de los refugios nocturnos y en las pajareras de interior tiene que ser reemplazada con regularidad, aproximadamente una vez a la semana, y sobre todo cuando se ha ensuciado con excrementos, cáscaras de semillas, etc. En la pajarera exterior, hay que airear regularmente las zonas con tierra, y las zonas de turba ya agotada deben ser sustituidas. Dos veces al año, justo antes y después de la época de cría, hay que lijar, desinfectar y enjuagar bien todas las perchas, incluidas las perchas para dormir y todas las superficies interiores. Si es posible, es mejor alojar a los pájaros en jaulas adicionales mientras se efectúan todas estas operaciones de limpieza; de esta forma po-

Este feo-ino plateado, una mutación reciente, procede de los Países Bajos

drá limpiar concienzudamente dentro y fuera de la pajarera, reparar las goteras, las posibles grietas por donde entran las corrientes de aire y los desperfectos en la tela metálica, podar los arbustos y poner todo al día.

Si durante el invierno lleva a sus pájaros al refugio, es el momento idóneo para hacer una limpieza general en la pajarera exterior con el fin de que esté preparada para la siguiente estación. Si este procedimiento se repite regularmente cada año, con toda probabilidad no se verá sorprendido por ningún problema que no tenga una rápida solución. El invierno es el mejor momento para hacer una limpieza en profundidad y para reparar nidos, contenedores, etc. Los comederos y bebederos, bañeras y otros accesorios, deberían, por supuesto, limpiarse con mucha frecuencia, al menos una vez a la semana. Por este motivo, tales utensilios es mejor que estén situados en una zona de fácil acceso, ya sea en la jaula o en la pajarera, para que se puedan extraer sin molestar demasiado a los pájaros. Una pequeña compuerta en la tela metálica de la pajarera o en la pared del refugio, con una pequeña plataforma para comer o beber es lo ideal; de esta forma puede servir la comida y el agua sin necesidad de entrar en la pajarera. Si mantiene muy limpia su pajarera, tanto usted como sus pájaros se beneficiarán de ello.

Desinfectantes que se emplean con más frecuencia

- *Lisol*. Se utiliza diluido en agua para lavar los suelos y desinfectar todos los accesorios.
- *Sulfato de cobre y formalina*. Se usa diluido en agua al 5 por ciento.
- *Creolina*. Se utiliza en solución al 10 por ciento.
- *Cloruro de cal*. En solución al 6 por ciento.
- *Creosota*. Se emplea siguiendo las indicaciones del veterinario, como desinfectante tanto externo como interno. Está especialmente indicado en caso de enfermedad de las vías respiratorias.

En caso de utilizar preparados farmacéuticos o desinfectantes industriales, debemos leer el folleto adjunto y atenernos a las indicaciones del fabricante.

LA ALIMENTACIÓN DEL CANARIO

Necesidades básicas

Los canarios son granívoros por naturaleza, como se puede comprobar por sus picos fuertes, cortos y anchos, especialmente diseñados para coger y descascarillar semillas. Su especial aparato digestivo también está diseñado para adaptarse a los principales alimentos vegetales. Los canarios pueden obtener todos los constituyentes dietéticos que necesitan –proteínas, hidratos de carbono y grasas (macronutrientes), así como vitaminas y minerales, además de oligoelementos (micronutrientes)– a partir de una mezcla de semillas y verdura, con una pequeña cantidad de comida animal y arenilla. No existe una sola clase de semilla en la cual todos esos elementos esenciales dietéticos aparezcan en cantidades suficientes, por tanto es necesario ofrecerles una equilibrada mezcla de semillas para que la dieta de los pájaros sea lo más variada posible.

Proteínas

El grupo más importante de macronutrientes está formado por las proteínas, que el cuerpo utiliza para el crecimiento, reparación y sustitución de los tejidos corporales. También son necesarias para ayudar a la realización de diversas funciones corporales, e incluyen enzimas, hormonas y anticuerpos. Las proteínas constituyen la parte más importante del huevo, y tienen que estar presentes en la dieta del polluelo que se está desarrollando así como en el adulto. Son en efecto, tan importantes que una deficiencia de esos nutrientes en la dieta puede causar una pérdida inmediata de bienestar físico y un deterioro de la salud. Se estima que aproximadamente el 12 por ciento de la dieta del canario tiene que consistir en proteínas, por tanto la mayor parte de la comida debe estar compuesta de semillas ricas en proteínas, principalmente semillas para canarios o alpiste y nabina.

Todas las proteínas están formadas por diversas clases de aminoácidos, que durante la digestión son modificados por diversas enzimas (pepsina, por ejemplo) en otras formas asimilables de aminoácidos. Estos aminoácidos pueden entonces ser transportados por todo el cuerpo mediante el flujo sanguíneo, hasta que se utilizan en al-

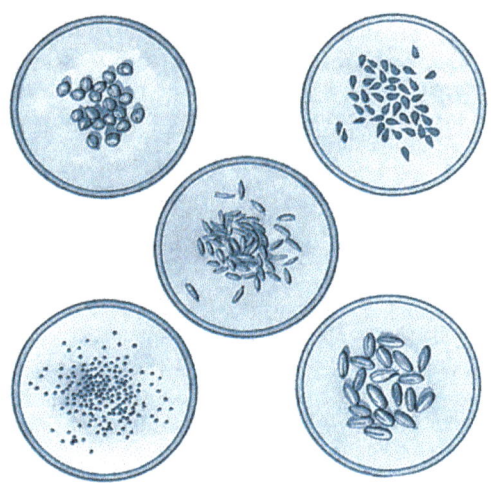

Diferentes semillas para canarios. *De izquierda a derecha y de arriba a abajo:* cañamón, linaza, alpiste, nabina y avena

gún lugar de los tejidos. Hay aproximadamente 24 aminoácidos diferentes, pero, felizmente, el canario no requiere de todos ellos. Se las arregla con sólo unos diez, y también puede fabricar algunos en su propio organismo.

Como granívoro, el canario no se aprovecha de las excelentes proteínas animales que se encuentran en los insectos, y que son proteínas más fáciles de absorber que las vegetales. Los criadores de canarios compensan esta deficiencia ofreciendo amasijo de huevo tanto a los pájaros jóvenes como a los adultos. Es la comida principal que se utiliza para criar a los pájaros jóvenes y el criador que la emplea puede asegurarse de que a estos pájaros no les van a faltar proteínas.

Hidratos de carbono

El segundo grupo de macronutrientes está compuesto por los hidratos de carbono, presentes en forma de azúcares y almidones. Como los azúcares son más solubles que los almidones, estos últimos se convierten en azúcar gracias a la acción de la enzima amilasa, que se encuentra en la saliva del animal. Entonces se absorbe en el flujo sanguíneo, a través del intestino. En los tejidos, los azúcares se queman para producir energía y calor corporal.

Grasas

El último grupo de macronutrientes está formado por las grasas, que, hasta cierto punto, realizan las mismas funciones que los hidratos de carbono: son el combustible necesario para dar calor y energía al cuerpo del pájaro. Es más, transportan las vitaminas A, D y E, siendo esta última la vitamina de la fertilidad, lo que convierte a las grasas en elementos esenciales en la dieta. La mayoría de las grasas de la dieta del pájaro se encuentran en forma de aceites vegetales procedentes de las diversas semillas que come. La digestión de las grasas es más lenta que la de los hidratos de carbono y por tanto, son útiles en el invierno, ya que ayudan al canario a mantener su temperatura corporal durante las largas y frías noches.

Promedio de macronutrientes en las semillas

Semillas	Proteínas	Grasas	Fibra
Alpiste	11,9%	4,5	10,9%
Nabina	20,4%	43,6%	6,6%
Linaza	21,5%	35,0%	6,2%
Mijo rojo	11,6	3,7%	6,8%
amarillo	12,0%	4,0%	6,8%
blanco	12,0%	4,1%	8,3%
Ajenuz	24,9%	36,2%	17,5%
Cañamón	21,4%	35,3%	6,2%
Avena	15,4%	6,3%	2,4%
Sésamo	22,0%	42,9%	10,3%

La nabina, el alpiste, el cañamón, la avena y la linaza constituyen la mezcla de semillas más adecuada. Por tanto no resulta sorprendente saber que estas semillas desempeñan un importante papel en la dieta de sus pájaros. Las semillas oleaginosas que aparecen en la tabla son aquellas que los canarios pueden consumir en mayor cantidad durante el invierno.

Minerales

El calcio y los oligoelementos constituyen la parte mineral de la dieta. En combinación con el fósforo, el calcio, elemento muy importante, es esencial para la estructura de los huevos y para la formación de la cáscara del huevo. Los oligoelementos –por ejemplo, sodio, cloro, potasio, magnesio, hierro, cobre, zinc, cobalto, molibdeno, azufre, yodo, manganeso– también son importantes pero se requieren sólo en cantidades mínimas. La carencia de incluso algunas de estas cantidades mínimas de minerales en la dieta –por lo general en forma de sales– puede causar ciertas disfunciones en el organismo.

Sin embargo, no tiene que preocuparse demasiado por los oligoelementos. Hay muy buenos preparados en el mercado que se pueden ofrecer a los pájaros como suplemento alimenticio para asegurarse de que reciben todos los elementos esenciales.

Vitaminas

A continuación se encuentra el grupo de las vitaminas. Son materia-

Un hermoso canario pastel. El factor pastel es un factor diluido o de reducción, en especial para la melanina negra

les orgánicos que se hallan en pequeñas cantidades en diversos alimentos. Las vitaminas son muy importantes, pero el canaricultor que alimenta a sus pájaros con una buena mezcla de semillas y de verduras no tiene que preocuparse demasiado ya que todas ellas estarán contenidas en la comida que les da.

La carencia de una o más vitaminas importantes tendrá como resultado la aparición de ciertas enfermedades debido a la avitaminosis. Después del descubrimiento de la primera vitamina, la vitamina A, siguieron las demás. Las más importantes son A, B, C, D y E, siendo tanto la vitamina D como la B un grupo de vitaminas.

La **vitamina A** es necesaria para el crecimiento, previene la ceguera nocturna y se encuentra en el aceite de hígado de bacalao, verdura fresca, semillas germinadas, leche, tubérculos, etc.

El complejo de la **vitamina B** comprende 14 vitaminas, la mayor parte de las cuales se encuentran en la levadura, el aceite de hígado de bacalao, el hígado, la leche, la carne magra, los huevos, vegetales, legumbres, maíz, plátanos, judías y cacahuetes. Las vitaminas del complejo B ayudan a la digestión de los hidratos de carbono, fomentan el crecimiento y previenen la anemia.

La **vitamina C** la produce el mismo pájaro. También está contenida en los vegetales frescos de hoja, en las naranjas y los limones. La vitamina C fortalece el sistema inmunológico y ayuda por tanto a protegerse contra las enfermedades. También desempeña un papel importante en la curación de las heridas.

La **vitamina D** se forma en el cuerpo del pájaro por la influencia de la luz del sol. También está contenida en el aceite de hígado de bacalao y en la leche. Esta vitamina es esencial para el desarrollo saludable de los huesos; el calcio sólo se puede procesar en el cuerpo con la ayuda de esta vitamina.

La **vitamina E** se encuentra en las semillas germinadas, especialmente en el germen de trigo. Es importante para una correcta reproducción.

El papel que desempeñan las vitaminas en el metabolismo del cuerpo del pájaro, o de cualquier animal, es muy importante. Los alimentos ricos en vitaminas tienen que estar siempre al alcance de sus pájaros. Esto significa que deben consumir semillas frescas

Semillas germinadas. Al cabo de unos pocos días *(arriba a la izquierda)*, aparecen los primeros brotes, y dos días después *(derecha)*, ya se les pueden ofrecer a los pájaros. *Abajo:* Incluso después de ocho o diez días, esta hierba fresca es deliciosa. No se olvide de lavarla antes de ponérsela a los pájaros

y de gran calidad, verduras, semillas germinadas y frutas.

Siempre que los canarios reciban esta variedad equilibrada, no hay que preocuparse en lo que concierne a las vitaminas. Sólo requieren pequeñísimas cantidades y ciertamente estarán presentes en esa mezcla alimentaria. Por tanto, no hay necesidad alguna de dar a los pájaros aceite de hígado de bacalao suplementario o cualquier otro complemento vitamínico. La excepción, por supuesto, es si el pájaro sufre realmente una carencia vitamínica. El aceite de germen de trigo se emplea a veces para aumentar la ración de vitamina E en el caso de que la hembra ponga huevos infecundos. Esta vitamina está presente en las semillas germinadas y en la comida fresca, por tanto no es necesaria si los pájaros reciben una dieta equilibrada.

Si por algún motivo se reduce la ingesta de alimentos frescos durante el invierno, entonces se puede añadir a las semillas un par de gotas de aceite de hígado de bacalao o de cualquier otro preparado vitamínico.

Los pájaros pueden disfrutar de semillas germinadas durante todas las épocas del año, pero especialmente en el invierno. Para prepararlas, empape con agua unas cuantas semillas de alpiste o de trigo durante una hora, fíltrelas, escurra el agua y guárdelas en un lugar cálido toda la noche. Cuando las semillas comiencen a germinar, ya se pueden ofrecer a los pájaros. Si deja que algunas de las semillas empapadas broten, les proporcionará además un sano alimento adicional.

El agua para beber

Beber agua es, por supuesto, muy importante. Los canarios siempre deben tener a su alcance agua fresca y limpia. Los músculos del canario están compuestos en un 75 por ciento de agua y hay mucha agua en las demás partes de cuerpo. El agua también es un elemento importante de la sangre, para la excreción, y en el huevo. Renueve el agua de beber todos los días, ya que el agua sucia puede ser la causa de enfermedades, o el medio de que se puedan transmitir de un pájaro a otro.

El mejor material para el recipiente de beber o bebedero es el cristal o la porcelana, porque se pueden limpiar y esterilizar con facilidad. El bebedero debe estar construido y situado de tal forma que la posibilidad de contaminación sea mínima.

Durante el invierno, hay que estar particularmente pendiente del agua de beber porque en según qué climas puede helarse. Por ello es mejor ofrecer el agua en el refugio nocturno, así evitamos las posibles heladas. Además, durante el invierno no debemos ponerles el baño de agua al aire libre, ya que el baño durante una helada puede resultar muy peligroso para los canarios.

El agua del grifo está tratada con cloro y cloraminas como agentes esterilizantes, y a veces se añade flúor para prevenir las caries en los seres humanos. Todavía está por demostrar que esos productos químicos sean peligrosos para los pájaros dado que no se ha investigado seriamente sobre este tema. Lo que sabemos es que el agua corriente no es buena para los acuarios y que puede llegar a ser fatal para algunos peces, dependiendo de la cantidad y naturaleza de los aditivos. Muchos canaricultores no confían demasiado en el agua corriente, especialmente en el caso de pájaros jóvenes, y por tanto recogen agua de lluvia. Un bidón de unos 200 litros que recoja el agua de la lluvia procedente del tejado de un cobertizo o incluso del refugio nocturno de la pajarera, proporciona agua suficiente para sus pájaros en la mayor parte de las zonas. Previamente filtraremos el agua antes de ofrecerla a los canarios.

Alimentación práctica de los canarios

La práctica de alimentar a los canarios es con toda probabilidad mucho más importante que la teoría. Algunos canaricultores se han convertido en verdaderos expertos en esta parcela de su afición.

El bebedero de plástico para el agua que se sujeta a la jaula desde fuera es uno de los mejores accesorios para que los pájaros beban, ya que no se ensucia con cáscaras de semillas o excrementos

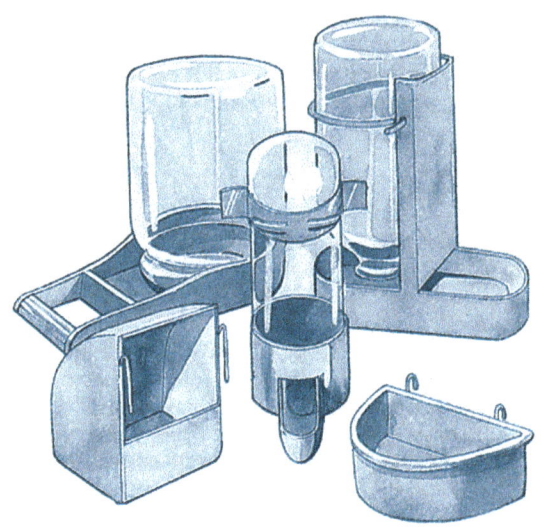

Diversos comederos y bebederos. *De izquierda a derecha y de arriba a abajo:* comedero de semillas tipo jarra, bebedero de sifón, accesorio para agua o semillas, comedero para semillas y bebedero abierto para agua y también para semillas

En el mercado existen muchas golosinas con las que el canario se puede viciar, mezclas diversas y chucherías que contienen todas clases de vitaminas, hormonas, minerales, germen de trigo, etc. El aficionado que desee emplear tales preparaciones debe también realizar un estudio de las enzimas, aminoácidos y oligoelementos que contienen, y las diferencias entre la proporción de calcio fosfórico y calcio carbonatado.

Es un hecho demostrado que el criador de canarios que se preocupa de todos estos tónicos y reconstituyentes, no cría necesariamente mejor a sus pájaros que el criador que sólo se asegura de que ingieren una dieta equilibrada. Piense en la persona que come pan con carne, caviar y paté de hígado de pato. Sigue estando vivo y con una salud relativamente buena, pero esto no significa que no pueda padecer a la larga problemas estomacales y de vesícula. Y no está más sana que otra persona que come pan integral y una mezcla de carne y col rizada. Por el contrario, a los canarios les sienta mucho mejor una dieta habitual y saludable de nabina y alpiste en una proporción de 40 a 60. La inclusión de estas sanas semillas frescas en la dieta comportará que sus pájaros no tengan ningún problema de salud.

Además, los pájaros deberían tomar diariamente una cucharadita de algún preparado comercial o amasijo de huevo. La mezcla preparada se puede adquirir en cualquier tienda de animales pero es bastante más sencillo hacerse usted mismo su propia fórmula, con la ventaja de que sabrá exactamente lo que contiene. Una buena mezcla para canarios está compuesta por: 4 partes de alpiste, 5 partes de avena, 1 parte de linaza, 1 parte de cañamón, 1 parte de mijo amarillo y 3 partes de amapola. En esta mezcla se puede prescindir perfectamente de la semilla de lechuga, que es bastante cara.

Hacia el final de la época de cría, y cuando sea tiempo de comenzar a preparar los pájaros para las próximas exposiciones, es mejor suprimir el cañamón de la mezcla, ya que tiene un efecto oscurecedor del plumaje. Se puede sustituir con una cantidad similar de ajenuz o de linaza, que mejorarán el brillo de las plumas.

Para enriquecer el menú cotidiano, se les puede ofrecer semillas maduras o semimaduras de las plantas silvestres cuando sea la época. Por ejemplo, semillas del álsine, corregüela de caminos, llantén, diente de león, hierba cana, quenopodio, pensamientos, nomeolvides, acedera, cardos, etc. Los pájaros estarán encantados y se pasarán todo el día picoteando las semi-

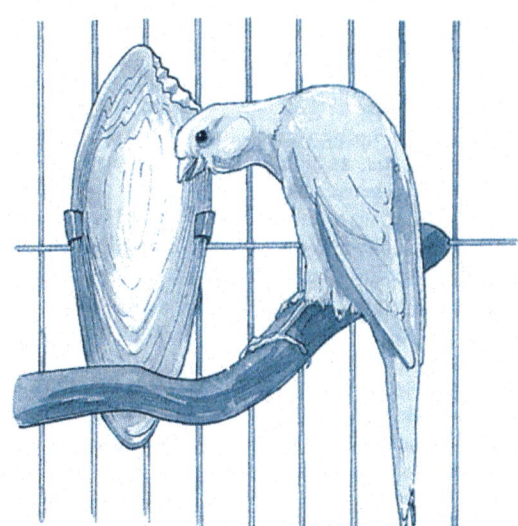

El mejor método de suministrar calcio al pájaro es poner a su disposición un hueso de jibia

llas. Naturalmente, la provisión debe ser renovada a diario.

El alimento fresco, incluyendo álsine, lechuga y espinacas, se les puede ofrecer todos los días. Sin embargo, hay que tener mucho cuidado con las verduras procedentes de mercados, que pueden haber sido fumigadas, y quizá resulten peligrosas para los pájaros. Lo mejor es cultivar cada cual sus propios vegetales a partir de semillas diversas.

Debemos asegurarnos de que los pájaros reciben un suministro regular de calcio. Puede ser bajo la forma denominada *grit* o arena para pájaros (disponible en los suministradores avícolas), cáscaras de huevo de gallina esterilizadas o un hueso de jibia.

Amasijo de huevo o comida de cría

No hay nada en la canaricultura que no haya sido tan experimentado, en realidad tan divulgado, como la utilización de amasijo de huevo. El huevo es una fuente muy importante de proteína animal para los canarios, y el amasijo de huevo es, por tanto, una perfecta adición a la comida de los polluelos en desarrollo.

La práctica ha demostrado que algunos canaricultores emplean mal la comida a base de huevo, pues creen que pueden hacer una fórmula mejor o más barata que la que se compra.

Los alimentos a base de huevo tienen que ser frescos, y así se pueden conseguir en las tiendas especializadas, pero algunos criadores preparan una cantidad de estos alimentos cada día, o preparan la suficiente para que les dure unos cuantos días o incluso unas cuantas semanas.

No hay ningún problema con los alimentos a base de huevo que se pueden comprar en los comercios especializados; en la mayoría de los casos estos alimentos están cuidadosamente preparados. Pero a los canarios les gusta que su amasijo de huevo esté preparado con una mezcla de huevo duro y cuatro bizcochos. Las llamadas galletas de huevo que se pueden adquirir no son tan buenas, y las mezclas que contienen huevo deshidratado son incluso peores.

El mejor amasijo de huevo se prepara con un huevo que se haya hervido durante diez minutos, luego se deshace lo más posible, y posteriormente se mezcla con bizcochos desmigados o miga de pan sin sazonar. Si añadimos unas cuantas semillas de amapola, semillas de lechuga, o álsine finamente picado lograremos que la mezcla sea mucho más nutritiva. Algunos criadores añaden a la mezcla una pizca (la punta de un cuchillo) de bicarbonato sódico para que ayude a la digestión de los pájaros. Sin embargo, esto no es estrictamente necesario a no ser que sospechemos que nuestros pájaros tienen algún problema digestivo.

Es necesario que el amasijo de huevo siempre sea fresco, recién preparado, sobre todo es extremadamente importante durante la cría. El amasijo de huevo que se ha pasado se vuelve duro, correoso y seco, y los pájaros no lo quieren comer. Pueden incluso dejar de alimentar a sus polluelos por esta razón.

Algunos criadores emplean migas de pan integral o pan blanco, pero siempre hay que asegurarse de que no esté enmohecido. El pan se deja al sol o se introduce en un horno a baja temperatura hasta que se endurezca y se seque. Entonces se reduce fácilmente a migas finas en la picadora, o incluso se puede aplastar con un tenedor, antes de mezclarse con el huevo duro finamente picado.

Los alimentos a base de huevo deberían ofrecerse a los pájaros bastante tiempo antes de que comience la época de la cría, y no repentinamente

El canario blanco albino recesivo con frecuencia se denomina canario «limpio»

cuando comienzan a criar. Los canarios recién emplumados también requieren una provisión continuada de amasijo de huevo mientras están creciendo y mientras van cambiando gradualmente a la dieta normal del canario adulto.

Verdura

Un canario enjaulado debería comer verdura fresca al menos una vez a la semana, y preferiblemente dos veces a la semana. Se le puede ofrecer una hoja de lechuga, algo de espinacas, berros, hojas de diente de león o álsine. Por supuesto, lo ideal es ofrecerle una pequeña cantidad de comida fresca todos los días. Los vegetales deben ser frescos y crujientes, y cualquiera que haya sobrado del día anterior debe ser retirado. Para darles a los pájaros, vegetales que no hayan sido fumigados, lo mejor es cultivarlos uno mismo, si se dispone del tiempo y del espacio, por supuesto. Si no es posible, todos los vegetales que se compran deben ser lavados a conciencia en agua fría y limpia antes de dárselos a los pájaros.

Fruta

La mayoría de los canarios toma fruta de una forma u otra. Picotearán con entusiasmo trozos de manzana, pera, piña, cerezas, ciruela, melocotón, melón, uvas, tomates y pomelo. Los trozos más grandes de fruta se atraviesan en un clavo que esté fijado a una ma-

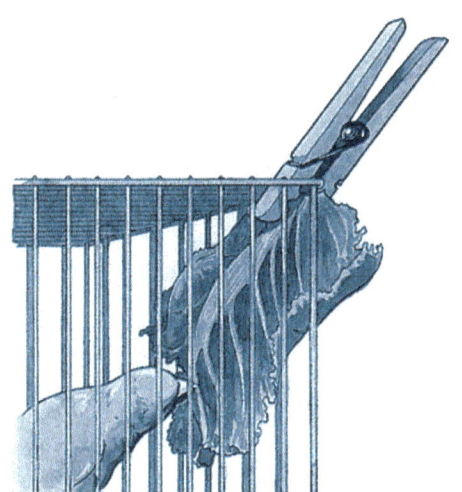

La verdura debe lavarse y secarse antes de dársela a los canarios. Los pájaros deben consumir vegetales durante las primeras horas del día y siempre en pequeñas cantidades

dera (en la pajarera puede colocar uno o dos clavos en el marco de madera con esta finalidad), para que la fruta no se ensucie si cae al suelo. También se pueden disponer los trozos de fruta en un pequeño cesto de malla que cuelgue de la tela metálica de la jaula.

Golosinas

En las tiendas de animales se pueden conseguir muy buenas golosinas para los canarios; entre ellas hay que mencionar las mezclas de semillas con varias frutas y vegetales deshidratados, huevos, nueces, proteínas animales, etc. Estos pequeños premios desempeñan el papel de las golosinas y ayudan a la mejora del estado físico del pájaro después de la crianza, la muda, etc. Las golosinas se ofrecen junto con la dieta normal, pero en un comedero separado. Trozos de fruta, zanahoria fresca rallada, palitos de miel, y variaciones como palitos de huevo, palitos de fruta, palitos vegetales, y otros alimentos semejantes son todos ellos considerados como regalos. Hay que tener mucho cuidado con el pan, los pasteles y las galletas, que pueden hacer engordar al pájaro; y un pájaro gordo no es un pájaro sano.

Si un pájaro está enfermo, o si una hembra muy joven está criando, ofrézcale un poco de pan duro mojado en leche baja en grasas. Hierva primero la leche y viértala sobre un trozo de pan integral. Unas cuantas semillas de amapola esparcidas sobre el pan animarán al pájaro a probarlo.

Alimentos colorantes

Para conseguir una mayor pureza y profundidad en el tono del plumaje, los criadores de ciertas variedades de canarios de color recurren a la alimentación colorante durante la muda. Sin embargo, esto no implica que los pájaros con colores pobres mejoren drásticamente su color gracias a este tipo de alimentación.

Las variedades de canarios a las que generalmente se les dan alimentos colorantes son el de factor rojo, el Lizard, el Norwich y el Yorkshire.

La alimentación colorante es una práctica que se remonta a 1870, cuando se mezcló accidentalmente pimienta de Cayena con la semilla destinada a la alimentación de los pájaros. Esta práctica cambió al poco tiempo al descubrirse que la pimienta dulce producía un mayor efecto colorante; hasta hoy, los canaricultores siguen mezclándola con la comida blanda de los canarios. En los últimos años, se ha usado la cantaxantina, que deriva del cantarel, un hongo comestible que no parece tener ningún valor vitamínico. También tiene efectos en otros organismos, incluidos algunos insectos y peces, y afecta también a las plumas

Los canarios requieren alimentos verdes, especialmente durante la época de cría. Se les puede dar hierba de pastor, diente de león, berro o álsine (de izquierda a derecha en la ilustración)

del flamenco y del ibis escarlata. La cantaxantina pura se emplea en una dosis de 0,05 a 0,1 g por 500 g para intensificar y conservar el color rojo del plumaje.

Generalmente suelo administrar este alimento colorante mezclado con huevo duro desmenuzado o con comida blanda, y comienzo una semana antes de la muda. Los pájaros jóvenes se colorean a través de la alimentación, aproximadamente a las ocho semanas de edad. Hay también otros alimentos colorantes disponibles en el mercado, que deben usarse siguiendo estrictamente las instrucciones del fabricante.

Alimentos energéticos

Al igual que los huevos y las migas de pan, estos alimentos blandos contienen una mezcla de diversas semillas, como la de diente de león, cardo, lechuga, cañamón, linaza, panizo y ajenuz. Este tipo de alimentos, que se puede adquirir de varias marcas, debería ofrecerse en pequeños comederos de cristal o porcelana, dos o tres veces a la semana durante todo el año. Actúa como un tónico, especialmente para los pájaros de exposición y cría, y ayuda a que los pájaros recuperen del todo su forma física después de la muda. Personalmente, ofrezco a mis pájaros esta mezcla todos los días durante los meses de otoño e invierno. Al ser alimentos propensos a estropearse con mucha rapidez, especialmente durante el tiempo cálido, los restos deben retirarse por la tarde. Empléela con moderación y disponga el comedero en un lugar a la sombra donde los pájaros tenga fácil acceso. En las pajareras con varios pájaros, hay que colocar dos o más comederos en diferentes lugares, para que todos los pájaros puedan alimentarse bien sin tener que pelearse.

Pienso granulado y dietas extrudidas

Según una investigación realizada en 1990 por la American Pet Products Manufacturers' Association, sólo el 6 por ciento de todos los canaricultores compran alimentos compuestos, mientras que el 70 por ciento de los propietarios de pájaros consideran las semillas como el elemento principal en la dieta de sus pájaros domésticos.

Las dietas extrudidas no son nuevas en la industria de los animales domésticos, pero constituyen la alternativa dietética más reciente para los pájaros de jaulas y de pajareras. Se parecen al pienso granulado, pero las

Un blanco recesivo ópalo ágata plateado

apariencias engañan. El pienso granulado es muy diferente del pienso extrudido. En el pienso granulado los nutrientes secos se comprimen en una bolita o gránulo que se calienta hasta los 88 °C. Por otro lado, durante la extrusión, los ingredientes húmedos se combinan hasta conseguir una mezcla pastosa, que se somete a aproximadamente 25 presiones atmosféricas diferentes y a temperaturas de hasta 179 °C. En cambio, el núcleo interior del gránulo de pienso se aísla durante la compresión y no llega a alcanzar los 77 °C, que es la temperatura necesaria para acabar con la salmonella y las bacterias seudomonas.

Por ello, la extrusión es el método más seguro para formular una dieta, desde el punto de vista bacteriológico, ya que la comida se digiere con más facilidad por el usuario final. El procedimiento húmedo también permite a los fabricantes investigar y crear diferentes formas y texturas que atraen la curiosidad natural de los pájaros y logran que la dieta sea aceptada con más facilidad. Como los ingredientes ya están fragmentados, los alimentos extrudidos son mucho más digeribles.

El principal beneficio de los piensos granulados es que incluyen todos los ingredientes necesarios para alimentar convenientemente al pájaro. Los piensos granulados contienen ingredientes que son fácilmente digeribles, y aportan proporciones equilibradas de vitaminas, minerales y aminoácidos sin necesidad de suplementos. Las dietas de pienso también son más económicas porque tienen menos desperdicio.

La mayor controversia acerca de los piensos granulados y los piensos extrudidos tiene que ver con el contenido de proteínas. Muchos avicultores especializados en nutrición están de acuerdo en que la dieta de un pájaro no debería incluir más del 17 por ciento de proteínas, sin embargo, muchas marcas de comidas con pienso granulado o con alimentos extrudidos contienen una cantidad mayor de proteínas. Cabe pensar que la relación entre los mayores niveles de proteínas y la gota se puede atribuir al hecho de que la mayoría de los pájaros al principio dejan de comer cuando se cambian a pienso granulado o alimentos extrudidos, lo que aumenta sus niveles de nitrógeno. Y un mayor nivel de nitrógeno conduce a la gota.

Incluso se llegó a emplear una marca muy conocida para alimentar artificialmente a tórtolas. Los pájaros jóvenes desarrollaron, según el veterinario Richard R. Nye, signos externos de gota con «depósitos de urato alrededor de los tendones de las patas inferiores y alrededor de las articulaciones. Las lesiones internas indicaban uratos en las superficies serosas del hígado, bazo, intestino y saco pericardial. Los riñones se engrosaron y los túbulos se dilataron y congestionaron con uratos. Un cuadro similar presentaban las tórtolas de una pajarera donde los adultos sólo se alimentaban de pienso granulado y a su vez alimentaban a los jóvenes. En algunos gallineros he visto varios casos de polidipsia/poliuria relacionados con la dieta seguida, y los análisis químicos revelaron elevados niveles de ácido úrico en la sangre, mayores de 16 mg/dl.» (*Journal of the Association of Avian Veterinarians*, volumen 3, núm. 4, invierno 1989.)

Por tanto, piénselo dos veces antes de cambiar de dieta. Si da a comer a los canarios un tipo diferente de comida, teniendo en cuenta su reticencia a los cambios y su naturaleza delicada, puede ser un asunto peligroso. Un canario o cualquier otro pájaro que haya pasado toda su vida alimentán-

Canario macho de factor rojo con un color excelente

dose principalmente de semillas no es probable que se vuelva de repente un entusiasta de los piensos granulados o de los alimentos extrudidos. Obligar a un pájaro a un cambio de esta índole puede a veces resultar una tarea difícil y requerir de mucha paciencia.

El mejor método que se puede emplear con los canarios consiste en alimentarlos en una proporción de 1 a 9, es decir, un 10 por ciento de pienso granulado o alimentos extrudidos y un 90 por ciento de semillas, su comida habitual hasta el momento. Cada día, durante los diez días siguientes, se añade un 10 por ciento más de pienso granulado o de alimentos extrudidos a la mezcla. Al cabo de los diez días, la dieta consistirá en un 100 por ciento de pienso granulado o alimentos extrudidos. Durante el período de transición, vigile si aparece algún cambio en sus excrementos, si los pájaros presentan un aspecto adormilado o si buscan comida constantemente. Si estos síntomas persisten durante más de 24 horas, consulte inmediatamente con un veterinario y vuelva a restaurar la dieta original.

Personalmente, creo que los canarios siempre deberían tener acceso a verdura fresca, semillas germinadas, frutas y diversas semillas así como a pequeñas cantidades de pienso granulado o a un puñado de alimentos extrudidos.

LA CRÍA DE CANARIOS

Es fácil criar canarios, en realidad es tan sencillo que cuesta trabajo creer que algo pueda salir mal. ¿Con cuánta frecuencia escucha decir a principiantes, sin ningún conocimiento especializado excepto un pequeño consejo dado por un comerciante, que han criado a varias nidadas de polluelos sin defectos? Prácticamente todos los canaricultores conocen varios ejemplos de este tipo de «suerte» de los principiantes, pero se encogen de hombros con el convencimiento de que las cosas no siempre ocurren de forma tan satisfactoria.

Por otra parte, los muchos ejemplos de la suerte del principiante nos muestran que la cría de canarios no es un tema complicado. Un buen par de canarios de cría tendrá casi con toda seguridad una buena nidada en la época de cría, con suerte de principiante o sin ella. Y este ejemplo se puede aplicar a casi cualquier par de cría. Los principiantes normalmente se contentan con un solo par de canarios amarillos, verdes o jaspeados y no se preocupan por los problemas de criar a los campeones que, a través de los cruces y de la hibridación, sí traen de cabeza al criador profesional de canarios.

El principiante generalmente comienza modestamente con un par de pájaros y, con el ardor de un novato, se preocupa por sus pájaros al dedicarles todo su tiempo libre. Esta atención se verá recompensada en la primera época de cría.

«Ah, vaya», piensa el principiante, «así que esto es así, dieciséis polluelos de una sola pareja, lo que significa ciento sesenta polluelos de diez parejas. Ya les enseñaré yo a los criadores de canarios...» Así que, en la siguiente época, cría a diez pares de canarios; se toma todo el tiempo del mundo para cuidarlos, pero sus cálculos no se confirman.

Se puede equivocar aún mucho más si comienza con canarios de factor rojo. No es porque no todos los machos sean buenos padres ni todas las hembras sean buenas madres. Ni tampoco porque no sea un criador experimentado que les alimente demasiado o equivocadamente. Tampoco ha fallado porque haya comprado los pájaros equivocados a las personas equivocadas, o porque sus hembras alimenten mal a sus polluelos, o porque muchos huevos sean infecundos. No es porque el tiempo sea demasiado húmedo o demasiado frío, o debido a las enfermedades, y así sucesivamente.

Esto puede parecer muy descorazonador, pero la realidad es que la cría de canarios no es siempre la situación agradable que uno espera. Es más, la realidad es bastante distinta a la teoría; la cría de canarios puede ser fácil o difícil. Es fácil si se tiene suerte, y con frecuencia resulta ser demasiado difícil cuando ya se piensa que se dominan todas las técnicas. Cuanto más sepa de los canarios, mejor; tiene que aprender miles de trucos antes de alcanzar el objetivo deseado. Y todavía puede suceder que conozca muy pocos trucos.

Por tanto, es posible predecir muchas de las dificultades con las que se encuentran los aspirantes a criadores de canarios en cada época de cría. Éstas son las dificultades con las que cada criador serio de canarios tiene que lidiar. Pero sin ellas, la canaricultura no sería lo que es hoy. Si fuera demasiado fácil, ¿sería tan apasionante? Los altibajos, la lucha por el éxito, la superación de las dificultades, la suerte y la mala suerte alternativas, la sorpresa, la dificultad, etc., hacen de la cría de canarios un afición que significa mucho para sus practicantes.

Técnicas de la cría de canarios

La cría de canarios se puede realizar de diversas formas, y los criadores llaman de forma diferente a cada uno de estos métodos:

- *Cría monógama.* Un macho y una hembra están juntos en la misma jaula de incubación y se les permite criar a su nidada.
- *Cría polígama.* Un macho se aparea con varias hembras. El macho sólo se utiliza para la fecundación, y después de cada apareamiento se lleva a otra jaula con otra hembra. Con frecuencia, al macho se le utiliza con tres o más hembras que tienen que empollar y criar a los polluelos ellas mismas.
- *Cría en colonia.* Varios machos y hembras están juntos en una pajarera y se les permite criar como ellos desean. En este sistema, se utilizan con frecuencia dos o más hembras por cada macho.

Veamos con más detalle cada uno de estos sistemas.

La **cría monógama** tiene muchas ventajas. Si cuenta con un buen par de canarios de cría, el éxito está prácticamente asegurado. Con una pareja estable, el macho ayudará a alimentar a los polluelos, con lo que se aligera el trabajo de la hembra y se asegura un rápido crecimiento y un desarrollo satisfactorio de los pájaros jóvenes. Si este tipo de apareamiento resulta insatisfactorio, entonces es fácil descu-

Canario lipocrómico intensivo rosa marfil

brir lo que ha ido mal y se pueden tomar las medidas adecuadas para corregir el fallo.

Este sistema es técnicamente simple y resulta fácil conocer cuál es la ascendencia de los pájaros jóvenes, y por tanto qué factores genéticos están implicados en su generación, información que puede resultar muy útil para las futuras épocas de cría. Una desventaja de este sistema es que puede ser más caro, ya que cada jaula de cría se utiliza para una sola pareja.

La cría polígama es la utilizada por la mayoría de los criadores profesionales, por sus muchas ventajas. Pero el sistema también tiene desventajas que no deben ser ignoradas. La combinación más usual es un macho por cada tres hembras; por tanto, 30 hembras de cría necesitan diez machos. Esto significa, por supuesto, que el criador tiene que mantener menos machos para la siguiente época de crianza, lo que le permite vender más y, si son de buena calidad, recuperar su inversión. Otra ventaja de este sistema es que el criador puede ser mucho más selectivo. Los diez machos de cría serán de la mejor calidad y siempre se podrá disponer de algún macho a partir del cual realizar la selección. Es más, un número menor de machos significará un menor número de bocas que alimentar, especialmente durante la improductiva estación del invierno.

Entre las desventajas de este sistema hay que mencionar el hecho de que, durante la época de cría, los machos deben ser cambiados de una jaula de cría a otra para fecundar a otra hembra. Y, para que cada visita a cada hembra sea lo más corta posible, el criador tiene que permanecer continuamente con sus pájaros.

Este sistema también requiere hembras fiables, capaces de criar una nidada ellas mismas. Las hembras no son necesariamente fiables en esos casos, y las que pueden haber sido madres perfectas en pareja con un macho pueden convertirse en madres poco capaces cuando se les obliga a comportarse como progenitor único.

Con este método, es muy fácil mantener un libro de registro ya que el criador conoce la madre y el padre de cada nidada. Otra ventaja es que el número de pájaros jóvenes por cada macho es mayor que en el sistema monógamo.

El **sistema de colonias** es el sistema más fácil ya que todos los pájaros están juntos en una pajarera. El criador, por tanto, sólo tiene que mantener limpia una jaula; alimentarlos y darles de beber es más sencillo y se necesita menos control. Con este sistema, se suelen usar menos machos, generalmente uno para cada tres hembras.

La mayor desventaja del sistema de colonias es que no se puede estar seguro de quiénes son los padres de los pequeños. Es posible que cuatro polluelos de un nido, por ejemplo, hayan sido fecundados por padres diferentes, y no se puede estar seguro de que las madres siempre estén empollando sus propios huevos.

En la práctica, este sistema solamente resulta útil a aquellos que desean criar un grupo de canarios por puro placer y que no quieren preocuparse por la genealogía de los jóvenes. Para el criador serio, este sistema sólo es útil si desea pájaros de un color particular y emplea únicamente padres con los factores genéticos adecuados. Por ejemplo, sólo blancos, sólo marfil, dorado, plateado, marrón, etc.

La época de cría

Por lo general, la época de cría comienza en la primavera para todos los pájaros. Está controlada por las hormonas, las secreciones glandulares y los cambios metabólicos que tienen lugar en el organismo de los pájaros. Es

Canario lipocrómico rojo intensivo. Obsérvese el nevado del manto

un hecho de sobras conocido que el período de insolación (duración de la luz solar a lo largo del día) y los aumentos de temperatura desempeñan un papel importante a la hora de preparar a los animales para la reproducción. El sol brilla cada vez durante más horas a lo largo de la primavera, los días son más largos. Cuando los pájaros reciben más luz del sol, sus glándulas comienzan a trabajar con más intensidad, preparando su cuerpo para los duros momentos venideros y para estimular la urgencia de emparejarse y reproducirse.

En las zonas más al norte, la necesidad de reproducirse es más intensa en abril y mayo; por tanto, ése es el momento idóneo para comenzar a criar los canarios. Sin embargo, los canarios están tan domesticados que las reglas pueden violarse un poco, si es necesario.

Los criadores experimentados fuerzan a sus pájaros a la cría en enero si los exponen durante largos períodos

Canario apricot, denominado con frecuencia rojo no intensivo jaspeado o rojo nevado

de tiempo a la luz artificial. A la pregunta de si es una buena idea, todavía no se ha dado una respuesta satisfactoria. Parece que es más común la aparición de pájaros imperfectos entre los que son incubados a comienzos de la época de cría, y algunos criadores llegan incluso a pensar que los canarios ya no son tan buenos padres como lo fueron alguna vez en el pasado.

Es muy deseable que el criador esté al tanto del fenómeno que indica la disposición de los pájaros a comenzar la época de cría. En esta época tanto el macho como la hembra mostrarán una mayor inquietud. Comenzarán a tener más interés en el sexo opuesto. El canto del macho se vuelve más fuerte y agudo y, cuando este proceso alcanza su máximo apogeo, algo ronco. El interés de un sexo por el otro aumenta, y tienen lugar pequeñas batallas entre los machos que luchan por determinadas hembras, por lo que no hay necesidad de preocuparse ya que es un proceso absolutamente natural.

En la época de celo, cada pareja de pájaros debería encontrarse en condiciones idóneas para la reproducción; si no es así, quizá sea demasiado pronto o quizá alguno de los pájaros todavía no esté preparado por alguna razón. En el primer caso, el criador debe tener un poco de paciencia; en el segundo caso, el pájaro «defectuoso» se debe apartar de la cría. La experiencia demuestra que hay que ser bastante inflexible a la hora de tomar estas decisiones. Si hace caso omiso de esos problemas, seguirán estando ahí; por tanto, es mucho mejor resolverlos al comienzo, en el momento que aparecen.

Si algún miembro de la pareja muestra alguna deficiencia para la reproducción, con frecuencia el motivo suele ser la edad. El éxito es bastante poco probable si los pájaros son demasiado jóvenes para criar: huevos infecundos, huevos o polluelos abandonados, mala alimentación de los polluelos, y otros problemas que constituirán la orden del día.

Un canario de cría debería tener al menos nueve meses de edad; diez meses es incluso mejor. En la práctica, esto significa que sólo los pájaros de la primera nidada de la temporada se pueden utilizar para criar en la siguiente. Los canarios nacidos a comienzos de julio no son todavía maduros sexualmente hasta finales de marzo del año siguiente, y por tanto, no están preparados para el criador que desea comenzar la reproducción en enero o febrero.

Jaulas de cría y accesorios para los nidos

El criador de canarios profesional generalmente utiliza jaulas de cría simples o dobles. La jaula de cría simple suele medir 40 cm de largo, 30 cm de alto y 35 cm de ancho. La jaula doble tiene la misma altura y profundi-

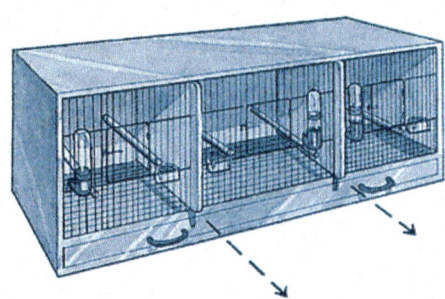

La jaula de cría triple posee un compartimento central que se utiliza cuando se desea aparear a un macho con dos hembras

dad pero es dos veces más larga, con un separador deslizable central, que la divide en dos jaulas simples.

Los portanidos se pueden colocar dentro de las jaulas, pero restarán espacio interior. Se recomienda que se apliquen fuera de las jaulas (dos por cada jaula, en caso de que la hembra comience con su segunda nidada antes de que la primera haya emplumado) con un acceso practicado en la pared de la jaula. Estos nidos tienen la ventaja de ser más fáciles de vigilar que los que están dentro de la jaula.

Mejor incluso que la habitual jaula de cría simple y doble es la que tiene una cámara separada donde el macho y después los jóvenes se pueden alojar con total independencia. En la jaula doble, esta cámara se puede disponer entre las dos jaulas de cría. En esta cámara, hay dos separadores deslizables que permiten la entrada a las jaulas.

Esta cámara unida tiene muchos usos en la cría monógama y polígama. En el sistema polígamo, un macho se emplea para fecundar a varias hembras. Se puede usar la jaula de cría simple con este fin y capturar al macho después de que haya fecundado a la hembra para juntarlo con otra hembra. Es más fácil y mejor, sin embargo, usar una jaula de cría doble y mejor aún, una que disponga de una cámara entre las dos.

Las portezuelas divisorias entre las jaulas y la cámara están cerradas con un trozo de cartón o de madera contrachapada y son deslizables. El macho se coloca en la cámara central. Tan pronto como una de las hembras comienza a jugar con el material del nido, abrimos el separador para que el macho acceda a la hembra. Tan pronto como la haya fecundado, encerramos al macho de nuevo en la cámara, listo para fecundar a la otra hembra.

La gran ventaja de este sistema es que la hembra de cría no se siente incomodada. El macho se puede sacar fácilmente de su cámara y usarse en otra jaula doble similar. La cámara tiene otra ventaja adicional: mientras el polluelo crece, pero todavía no se ha independizado, la hembra puede comenzar a desplumarlo para almacenar más material para el nido, a la hora de preparar la siguiente nidada. Para evitar que la hembra arranque un puñado de plumas de los polluelos para la jaula de cría, la mejor forma consiste en introducir a los polluelos en la cámara y reemplazar el separador opaco por un separador de tela metálica, para que la hembra siga alimentándoles sin desplumarles.

Una tercera ventaja de esta jaula es que cuando los polluelos están ya criados, los separadores se pueden quitar para formar una jaula mayor para los jóvenes.

No importa de qué están hechas las jaulas y a quién se compran. Se pueden adquirir las jaulas de cría en una tienda de animales, pero por lo general son caras y, con un poco de pericia en los trabajos manuales, puede hacerse una usted mismo. Los mejores materiales y los más sencillos de usar son la madera y el cartón duro. Durante la construcción de la jaula, asegúrese de que no quedan resquicios ni grietas, para que los piojos, ácaros o cualquier otro parásito no se alojen en estos lugares. La parte frontal de la jaula se construye con tela metálica. Estos frontales se pueden comprar muy baratos, y las jaulas se construyen luego adaptándolas a ellos. En la parte frontal hay una puerta deslizante y aberturas para fijar los comederos y bebederos. Las aberturas de los laterales de las jaulas son ligeramente más pequeñas que las entradas a los portanidos, que se fijan en aberturas en la jaula mediante unos pequeños ganchos.

Cada jaula de cría debe disponer de cuatro perchas, dos arriba y dos abajo. Las dos inferiores deberían estar separadas unos 15 cm y situarse de tal forma que los pájaros accedan fácilmente a los comederos y bebederos

La habitación pajarera, con pantallas en todas las ventanas, es excelente para los canarios de cría

desde ellas. Las perchas superiores se fijan en cada lateral de la jaula, aproximadamente a 7,5 cm de distancia.

Si desea colocar los portanidos dentro de la jaula, éstos se suelen fijar a la pared posterior entre las dos perchas. Se pueden emplear portanidos de cerámica, madera o acero (estos últimos, si son de acero galvanizado, son los mejores y durarán varios años).

Los portanidos también se pueden comprar en tiendas especializadas, pero es bastante fácil construirlos uno mismo. Generalmente miden 15 x 15 x 20 cm con la parte del nido unos centímetros más profunda. El portanido está provisto en su parte inferior de una copa (fija o movible) que se rellena con el material para construir el nido.

El mejor material para el nido es la cuerda de pita cortada en trozos de unos 5 cm. Este material es suficientemente blando y permite una buena ventilación a través de las fibras, y a los canarios les gusta su color. Es uno de los mejores materiales para construir el nido. Asimismo se puede adquirir lino en las tiendas especializadas, que parece perfecto para su cometido, pero se deshace con facilidad y el pájaro se puede quedar atrapado o, peor aún, se puede ahogar en él, lo que también puede suceder con los polluelos. Para evitar estos inconvenientes, hay que cortar el lino en trozos muy pequeños, aunque de cualquier forma se puede deshilar.

Algunos criadores utilizan hijos de algodón, musgo, hierba seca o fibras de coco, todos ellos cortados en trozos pequeños, para preparar el nido. Casi todos los criadores confían en el material que usan; están convencidos de que es el mejor, pero una cosa es cierta: las hembras prefieren los materiales de color más alegre antes que los oscuros.

En la parte inferior de la jaula puede adaptar una bandeja deslizante. Vierta en ella una capa de arena para pájaros, o arena de río limpia, y cámbiela a intervalos regulares. Siempre use arena seca y limpia; para lavarla, colóquela en un colador o cedazo y vierta agua de una manguera hasta que el agua salga limpia a través de la arena. La arena ya limpia se esparce entonces sobre una superficie plana y se deja secar al sol.

Los comederos y bebederos de cristal se fijan a la parte frontal de la jaula sobre las aberturas hechas a tal fin. Quizá no son muy atractivas pero sí higiénicas y funcionales. Desde fuera es fácil vigilar el contenido de los recipientes así como limpiarlos y rellenarlos, lo que constituye una ventaja para el criador ocupado que tenga muchas jaulas que mantener.

Un accesorio menos importante es un estante para colocar el material del

Un buen canario verde no ha de tener plumas de color claro ni matices de color bronce

nido, que se puede fijar a la tela metálica de la parte frontal. Este estante también se usa para sujetar la comida fresca, que de otra manera puede caer al suelo de la jaula y ensuciar éste.

Los canarios también crían en pajareras que dispongan de portanidos de cerámica o de tela metálica, al igual que crían en pequeñas jaulas tipo Harz. En estas últimas, los pájaros se sienten más seguros y pueden incubar con más tranquilidad ya que no se sienten tan molestados.

En la pajarera se pueden usar hasta cuatro hembras por cada macho o también, por ejemplo, tres machos para diez hembras. La ventaja de este sistema es que da menos trabajo, pero también tiene otras muchas desventajas, especialmente si hay otros pájaros en la pajarera y existe la posibilidad de perder una nidada debido a las alteraciones. Otra desventaja es que no podemos estar seguros de la ascendencia de los polluelos ya que cualquier macho de la pajarera puede ser el padre de cualquiera de los polluelos. Por tanto, este sistema no es muy adecuado para la cría selectiva de canarios. Sin embargo, puede resultar adecuado para el criador con poco tiempo libre que no se preocupa en exceso por los colores de los canarios que se producen.

Comienzo de la reproducción

Cuando las jaulas ya están preparadas, se inicia la reproducción. A la hembra se la suele introducir primero en la jaula de cría, y el macho se introduce un par de días después. Mientras tanto, el macho se aloja en una jaula pequeña cercana a la jaula de cría, desde la que pronto muestra su disposición para criar porque canta con mucho ánimo. Si no se comporta de esta forma, puede indicar que todavía no está preparado para aparearse. Una posible solución es sustituirlo por otro macho o bien tener paciencia y esperar unos pocos días.

La hembra no tardará mucho tiempo en inspeccionar la jaula de cría y observar con detenimiento los portanidos. Tomará en su pico algún trozo de tejido y lo llevará al portanido elegido. Ésta es la señal que esperan la mayoría de los criadores para introducir al macho en la jaula de cría.

Los pájaros generalmente no armonizan bien al principio, pero el criador experimentado sabe que esta situación es perfectamente natural y no se preocupa por esas pequeñas peleas de pareja, siempre que no se le escapen de las manos. Una vez finalizadas las posibles peleas, la pareja se pone a trabajar concienzudamente para construir el nido. El macho suele traer los materiales mientras la hembra prepara el nido a su gusto. En este momento la hembra se suele agachar levantando su cola y produciendo un sonido que invita al macho a aparearse con ella.

Al cabo de poco aparece en el nido un primer huevo, seguido de un segundo, un tercero y un cuarto a los pocos días. Desde el primer día, la hembra pasa mucho tiempo en el nido pero la verdadera incubación no comienza generalmente hasta el tercer día, cuando la puesta está completa, para que los huevos empollen todos a la vez en un breve período de tiempo. Algunos criadores reemplazan los primeros huevos con huevos falsos y vuelven a poner en su sitio los huevos auténticos el cuarto día, cuando la hembra ha puesto su último huevo. Este procedimiento es innecesario ya que se debería permitir que la naturaleza siguiera su curso.

Aunque una nidada media consiste en cuatro huevos, hay hembras que ponen dos o tres huevos, y otras que ponen hasta seis. Mientras la hembra incuba, el macho, como buen marido, permanece cerca de ella, le distrae con su canto, pero también la deja tranquila. Si no se comporta así, hay que separarlo de la jaula y dejar a la hembra que incube ella sola.

Durante este período hay que ofrecer diariamente a la hembra nabina y amasijo de huevo (este último alimento para que los pájaros adultos se

Hay que poner a disposición de los pájaros materiales para que puedan construir el nido, como fibras de coco, lana, hierba, heno o rafia. Los nidos comerciales hechos de cuerda se pueden situar en el centro de una jaula tipo Harz

Canario hembra en su nido. El número de huevos varía de tres a seis; sin embargo, por lo general suele haber cuatro o cinco

acostumbren a él y después alimenten con amasijo de huevo a sus polluelos), también calcio (cáscaras de huevo finamente trituradas) y comida fresca. Pero no hay que ofrecerle otras clases de semillas ni mezclas de semillas comerciales.

Los huevos se deben examinar con frecuencia durante los cinco primeros días para comprobar que son fecundos. Un huevo fecundado es más oscuro si se observa al trasluz, procedimiento que sólo sirve para satisfacer la curiosidad pero que no está totalmente justificado. Muchos huevos se pueden romper en los dedos de un criador torpe. Si los huevos son fecundos, al cabo de trece días deberían comenzar a salir los polluelos del cascarón. Se pueden separar del nido los huevos infecundos, aunque en realidad es mucho mejor dejarlos ya que estos huevos actúan como soporte para los polluelos cuando salen del huevo. Si todos los huevos son infecundos, retire el nido completo. Deje que la hembra descanse durante una semana y que intente la cría de nuevo. Una de las posibles causas de huevos infecundos son las perchas poco estables.

Incubación, salida del cascarón y cría

El tiempo de incubación para los huevos de canarios es de trece días. pero la incubación no comienza generalmente hasta que el tercer huevo ha sido puesto. De esta forma, el mismo canario se asegura de que todos los polluelos van a salir del cascarón en un período bastante breve de tiempo. Después de poner el primer huevo, la hembra pasa bastante tiempo en el nido, aunque la verdadera incubación no comience hasta después del tercer huevo.

Una buena hembra pasará todo el tiempo en el nido empollando sus huevos durante los trece días que dura el período de incubación. No suele abandonar el nido y, en un buen matrimonio de canarios, el macho la alimenta. Se recomienda que durante la incubación se vigile el grado de humedad, pues la sequedad ambiental puede impedir que los huevos se incuben de manera uniforme. Asegúrese de que el agua para el baño está siempre disponible, pues no perjudica en absoluto a la hembra que está incubando tomar un baño rápido; es más, ayudará a mantener la humedad necesaria alrededor de los huevos. En condiciones muy secas, es conveniente rociar finamente con agua a la hembra todos los días.

El desarrollo del embrión tiene lugar durante la incubación, y si los huevos son fecundos, al cabo de unos trece días, cuatro o cinco diminutos canarios casi desnudos saldrán del cascarón. Estos pequeños polluelos indefensos, sin embargo, necesitan comer en seguida

Así es el desarrollo de un huevo por dentro. *En el sentido de las agujas del reloj, desde arriba a la izquierda:* Vista interior del huevo del canario después de aproximadamente 20 horas de incubación; embrión del canario después de aproximadamente 48 horas; al cabo de aproximadamente 50 horas; al cabo de unos siete días; después de unos 10 días, y después de 13 o 14 días. En este punto, el huevo se abre y el polluelo se abre paso para salir del cascarón

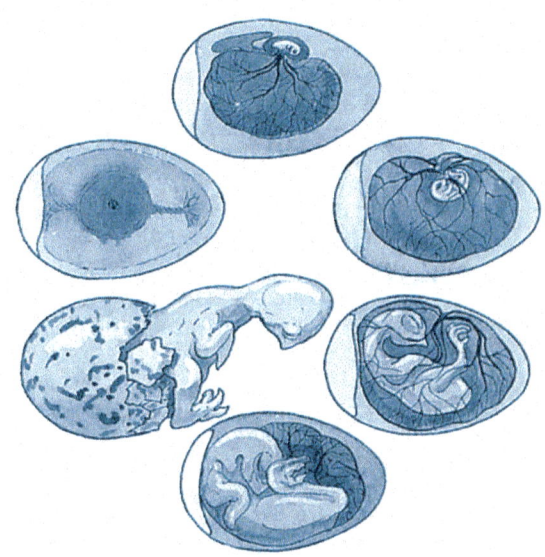

Los huevos, de color blanquecino, se abren al cabo de unas dos semanas; el joven deja el nido aproximadamente a los 16 días de vida

para crecer. Si alguno de los huevos no puede terminar su proceso, conviene dejarlo en el nido durante unos pocos días más para ayudar a los demás polluelos, que gastan mucha energía estirando sus cuellos y pidiendo comida. En ese momento, a los polluelos se le debería ofrecer alimentos recién preparados a base de huevo, ablandados con un poco de agua.

Hay que sustituir varias veces al día la ración de amasijo de huevo, sobre todo durante el tiempo cálido, debido a que esta comida se estropea rápidamente y puede causar molestias digestivas a los pájaros. Con una hembra que alimente bien a sus polluelos, éstos crecerán deprisa y con mucha fuerza y tendrán siempre el buche lleno. En esta etapa hay que vigilar, en efecto, que los polluelos tengan siempre lleno el buche. Si no es así, puede ser que la hembra sea una mala alimentadora, y hay entonces que actuar inmediatamente para salvar a su progenie. En este caso, lo mejor que se puede hacer es trasladar a los polluelos al nido de otra canaria que tenga crías de la misma edad, o no le quedará más remedio que intentar alimentar a mano a los polluelos con cualquier fórmula comercial.

Una buena calidad en la comida de cría, además de verduras y una rodaja de pan de trigo humedecida en agua, constituye una buena dieta para los polluelos

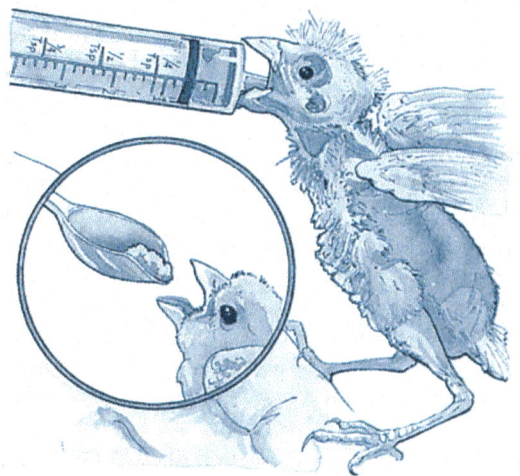

Para alimentar artificialmente a los canarios polluelos, podemos emplear una jeringuilla, un gotero de plástico o una cucharita profunda

Técnicas de alimentación manual

• Añada agua embotellada (no destilada) caliente, de 38 a 43 °C) o zumo de manzana a la fórmula.

• Mezcle el preparado muy bien hasta que alcance la consistencia de una leche cremosa. Nunca lo administre demasiado espeso porque puede coagularse en el buche y no poder pasar al estómago. En caso de darse este hecho, con agua templada y un suave masaje en el buche, el problema se soluciona fácilmente. Sin embargo, si el buche sigue lleno o no se vacía correctamente, quizá el pájaro padezca un problema digestivo. Consulte inmediatamente con un veterinario o con un criador de pájaros experto.

• Vierta el preparado en un gotero de plástico o en una jeringuilla o adminístrelo en una cucharita especial muy honda –el utensilio para la alimentación que a mí más me gusta–. El utensilio que emplee debe estar a la misma temperatura de la fórmula (de 38 a 43 °C).

• Emplee un solo utensilio así como un plato para cada pájaro. Nunca introduzca un utensilio para la alimentación en un plato de comida de un pájaro después de que haya sido tocado por la boca de otro pájaro. Esterilice el utensilio después de cada comida.

• Mantenga constante la temperatura del preparado durante todo el proceso de alimentación, lo que se puede conseguir sumergiendo parcialmente el plato con el preparado para el pájaro en un recipiente al baño María (de 38 a 43 °C).

- Coloque al pájaro sobre una superficie lisa, cubierta con una toalla de baño que se sienta tibia al tacto.
- Si el pajarillo no quiere abrir el pico, golpéeselo suavemente con la cuchara o la jeringuilla. Esto animará al pájaro a abrir la boca.
- Examine el buche del pájaro antes de introducir el alimento, para determinar la frecuencia y el volumen de comida. Recuerde que un buche nunca debe estar completamente vacío. Generalmente el buche se vacía a las tres horas y media o a las cuatro horas.
- No llene el buche en exceso. La sobrealimentación puede conducir a que la comida se desvíe al esófago, llegue a la garganta, y baje por la tráquea, lo que le causaría la muerte.
- Determine siempre si el buche del pájaro está lleno. Interrumpa inmediatamente la introducción cuando la comida sobresalga de la boca. Y no vuelva a darle de comer hasta que la boca esté completamente vacía de nuevo.
- La alimentación tiene que sincronizarse con el tragado. Tan pronto como trague el pajarillo –lo que se realiza con un movimiento rítmico de la cabeza–, póngale en la boca el preparado rápidamente. Coloque el dispositivo alimentador en la boca sobre la lengua.
- Mientras el pájaro come, sujételo en la mano, que debe estar caliente.
- Después de cada comida, aclárele la boca con unas cuantas gotas de agua caliente, a la misma temperatura de todo el proceso.
- Después de cada comida, limpie el pico, cabeza y otras partes del cuerpo del pájaro, incluyendo el ano, con agua templada y devuelva al pájaro a su jaula, que debe estar caliente (de 32 a 35 °C).

De la salida del cascarón hasta una semana. El polluelo puede ser separado de sus padres a los 10 o 12 días, o cuando está a comenzando a emplumar. Cuanto más tarde se separe, mucho mejor. Sin embargo, si tiene que alimentar usted mismo a un polluelo, observe lo siguiente: no alimente al polluelo recién salido del cascarón durante las primeras 10 o 15 horas. Entonces comience con una gota de agua templada. Al cabo de una hora, otra gota. Después, unas pocas gotas de un preparado muy ligero cada hora, durante todo el día.

De una a dos semanas. Alimente al polluelo cada dos o tres horas. Si los pájaros están adecuadamente alojados (calientes y confortables, a una temperatura de 32 a 35 °C), la alimentación después de la medianoche se puede suprimir hasta las cinco de la mañana. El preparado debe tener ahora la consistencia de una nata ligera.

De tres a cuatro semanas. Aliméntelo cada tres o cuatro horas con una fórmula ligeramente más espesa, con la consistencia de una crema. Los pájaros se alojarán en una jaula que disponga de perchas bajas y un recipiente poco hondo con agua.

De cinco a seis semanas. Aliméntelos con una fórmula que tenga la consistencia de una crema ligera. Introduzca algunas semillas germinadas y algo de mijo para animar al polluelo a alimentarse por él mismo. Mezcle algo del preparado con la comida.

De siete a ocho semanas. Ofrézcale la fórmula una vez al día. Aloje al polluelo en una jaula grande que disponga de comederos y bebederos adecuados.

Si todo va bien, los polluelos crecerán rápidamente y pronto les comenzarán a salir plumas. Si el macho ayuda a la hembra a alimentarlos, este proceso será más rápido y el nido pronto se llenará con cuatro o cinco robustos polluelos con plumas.

Entonces es cuando amenaza el peligro real, especialmente cuando los polluelos no tienen el calor suficiente o se les aloja en una pajarera exterior.

Si la primera nidada nace a mediados de abril, todavía puede hacer frío por las noches en esta época del año. En climas más rigurosos, las heladas nocturnas pueden incluso aparecer en mayo. Algunas veces la hembra ya no se queda en el nido porque cree que los jóvenes ya no la necesitan; en este caso los polluelos se pueden enfriar, especialmente si son demasiado pocos como para calentarse entre ellos. Una lámpara que despida calor cerca del nido ayuda a evitar este problema.

Si todo se desarrolla con normalidad, los polluelos se sentarán en el borde del nido a los catorce días de su nacimiento y no tardarán mucho en comenzar a volar. Sus padres continúan alimentándolos durante un tiempo, pero los pequeños pronto comienzan a picotear la comida por ellos mismos y no pasa mucho tiempo antes de que se sostengan sobre sus dos patas.

Los pájaros crecerán sin ningún problema, si se crían de la forma correcta. Sólo hay que observar que el cambio de la comida de cría a las semillas no sea demasiado brusco. Hay que ofrecerles un poco de amasijo de huevo y alguna semilla ablandada antes de que los polluelos se acostumbren a este tipo de comida. Un poco de agua tibia vertida sobre las semillas, y dejada toda la noche, las ablandará para el día siguiente.

Naturalmente, los pájaros deben tener siempre a mano comida fresca; se les puede ofrecer un poco de zanahoria para que la muerdan o, al final de la época de cría, un trozo de manzana.

Cuando los polluelos comienzan a volar, la madre generalmente está ocupada en su próxima puesta. Por tanto, hay que proporcionarle un segundo nido para que la siguiente familia se críe en el entorno elegido.

Hembras problemáticas

Antes de la época de cría, el canaricultor tiene que hacer todo lo posible para asegurarse de que sus pájaros gocen del mejor estado de salud y debería proporcionarles todo lo que necesitan para que lo conserven. Esto incluye una dieta equilibrada, agua limpia para beber y para el baño, jaulas adecuadas, buenos accesorios para el nido, y material para este último. El resto se lo podemos dejar a la naturaleza.

Pero si la naturaleza nos decepciona, como buenos canaricultores deberíamos intentar descubrir la causa para tomar las medidas preventivas oportunas que impidan que suceda de nuevo. El problema puede encontrarse en un exceso de frío o de humedad antes de comenzar la época de cría; ello se puede evitar aplicando calor en la habitación donde vive el pájaro.

También existen otras causas para el fracaso. Los mismos pájaros pueden decepcionar al canaricultor: pueden ser padres mediocres, muchos huevos pueden ser infecundos, las hembras pueden abandonar sus huevos, o pueden no alimentar a sus hijos adecuadamente, etc.

Sin embargo, éstos son fenómenos sobre los que no tenemos ningún control. No podemos conseguir que el canario actúe como nosotros queremos. Pero a veces el fracaso puede ser por culpa nuestra, ya que la cría de pájaros en general, y de los canarios en particular, depende de otros factores al margen de su bienestar externo.

En primer lugar, los huevos infecundos pueden ser un fallo tanto del macho tanto como de la hembra. Algunos criadores de canarios, especialmente aquellos que esperan ganar algo de dinero, suelen contemplar de forma diferente a los machos que a las hembras. Los machos dan más dinero que las hembras, por tanto los machos atraen más la atención. Los machos siguen una dieta diferente y especial, mientras que las hembras tienen que conformarse con una dieta mediocre. Estos criadores les alimentan con lo suficiente para conservarlas vivas, pero no mucho más.

Los que realmente son buenos criadores de canarios tratan a los machos y a las hembras de la misma forma, por tanto todos los pájaros gozan de un estado de salud excelente en la época de cría.

Para mejorar las posibilidades de fecundación, se separan algunas de las plumas que rodean la zona anal de los machos y de las hembras antes de la cría. Esto es especialmente aconsejable en el caso de los pájaros jaspeados, que están densamente cubiertos de plumas. Nunca recorte las plumas ya que los cañones pueden impedir el apareamiento o dañar los huevos.

Recorte las uñas de los pájaros, para que los machos tengan un mejor agarre cuando se apareen. Para efectuar esta operación, sostenga el dedo del pájaro contra la luz y corte justo por encima de la vena visible. Es mejor usar un cortaúñas que las tijeras. A continuación lime la uña suavemente para darle una forma puntiaguda.

Durante los meses inmediatamente anteriores a la época de cría,

Un espléndido canario verde dorado

hay que ofrecer a los pájaros un suministro regular de comida fresca ya que las vitaminas desempeñan un importante papel en la fertilidad. Es erróneo pensar que la administración a corto plazo de vitamina E (aceite de germen de trigo) vaya a influir en la fertilización. Es mucho más importante que los pájaros consuman regularmente durante todo el año alimentos ricos en vitaminas, por lo que los suplementos ocasionales de vitaminas para ayudar a la fertilidad se harán innecesarios.

La edad idónea para que los pájaros críen es a partir de los nueve meses, como mínimo, y más adelante si es posible, pues la reproducción con pájaros jóvenes puede crear problemas.

Con relación a los machos, seleccione aquellos que muestren características sexuales inequívocas en la zona anal. Es mejor no utilizar a los machos que no cantan o a aquellos que no esté muy claro que sean machos. Las hembras deberían elegirse cuidadosamente. Las que no han funcionado bien en la época de cría anterior es mejor dejarlas al margen. Es muy poco probable que las hembras que proceden de una nidada escasa o que fueron criadas casi de milagro sean unas buenas madres.

No se ha demostrado que sea hereditaria la capacidad de empollar bien y de criar, sin embargo, no hay que descartar la posibilidad de que los hijos de padres que fueron malos criadores sean también a su vez padres inferiores. ¿Por qué correr ese riesgo entonces?

Por este motivo es muy importante llevar un libro de registro. En ese libro debería registrarse toda la información relevante de cada pájaro. Todos los pájaros deberían llevar un anillo en la pata para ser identificados y poder estudiar su pasado: su fecha de nacimiento, sus padres, la nidada en la que nacieron, las enfermedades que han padecido, etc.; toda esta información nos puede indicar si el pájaro va a ser un buen padre.

Con la ayuda del libro de registro, el aficionado decide qué pájaros utilizar para la cría y cuáles no; por ejemplo, aquellos que han tenido un problema digestivo o respiratorio durante el invierno no deberían ser empleados para la reproducción.

Otro peligro que existe es intentar criar pájaros de un color particularmente bonito, porque pensamos que pueden producir pájaros con un bello color. Sin embargo, el éxito es cuando menos bastante dudoso. Un pájaro que posee un bonito color pero que cuenta con otros factores hereditarios que le podrían convertir en un mal padre es totalmente desaconsejado para criar, sea lo bonito que sea. Sin duda alguna, cualquier canaricultor que intente criar un pájaro de estas características tendrá problemas. En este caso es mejor seleccionar otra pareja que produzca pájaros menos bonitos pero que con toda probabilidad serán mejores pájaros de cría.

Los canarios se criaban mucho mejor en el pasado que en nuestros días, es decir, cuando la cría por el color era algo nuevo y la mayoría de los canarios se criaban por su canto. Por otra parte, no existe ninguna estadística acerca de las similitudes o diferencias en la cría de canarios de canto o color. Presumiblemente, tales estadísticas demostrarían que los canarios de canto son mejores criadores que los canarios de color ya que todos los canarios de color con factor rojo, por ejemplo, tienen sangre híbrida. A través de la hibridación, el canario perdió parte de sus características; también adquirió otras características del cardenalito de Venezuela, pero no recibió ninguna que hubiera mejorado su valor como criador. El canaricultor debe tener presente este hecho e ir con mucho cuidado cuando seleccione las parejas de cría para conseguir los mejores resultados.

El anillado

El anillado de las patas es un proceso muy importante si se desea llevar

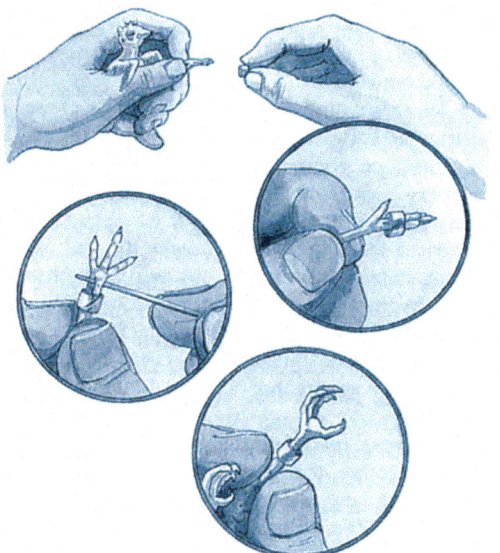

Anillado de un canario. Se sujeta la pata del canario entre los dedos de tal forma que el dedo posterior del pájaro quede doblado hacia atrás y los otros dedos miren al frente. Introduzca la anilla por los dedos anteriores (centro derecha), y páselo también por el dedo posterior (centro izquierda). Continúe empujando la anilla hasta liberar el dedo posterior. Si a éste le cuesta trabajo salir, emplee algún palito afilado para liberarlo (abajo)

un libro de registro y poder identificar a cada pájaro, especialmente si se poseen muchos. Si no utiliza anillos para las patas, es sorprendente lo fácil que resulta olvidar cuál es cada pájaro. A los canarios jóvenes se les anillan sus patas entre los siete y los nueve días de edad. En las tiendas de animales se pueden adquirir pequeños anillos de metal a los que se les imprime, si se desea, el número personal del criador, el número del canario, y el año. Los anillos anodizados son los mejores y el diámetro de anillo idóneo para los canarios es de 2,9 mm.

Para insertar el anillo, se introduce por los tres dedos anteriores, haciéndolo pasar luego por la articulación, a fin de poder liberar también el dedo posterior. Esta operación suele realizarse entre el sexto y el octavo día de vida pues, en caso contrario, puede ser difícil o incluso imposible.

En las tiendas de animales también se pueden comprar los llamados anillos abiertos. Se fabrican de aluminio o plástico y están abiertos para poder ponerlos o quitarlos en cualquier momento. Estos anillos son muy útiles cuando se precisa anillar a canarios más viejos o adultos. Se pueden adquirir de varios colores; de esta forma es más fácil identificar qué pájaro procede de cada nidada sin necesidad de cogerlo.

La selección

Es importante seleccionar a los canarios con sumo cuidado. La selección es un proceso que nunca termina. Las circunstancias pueden variar de un pájaro a otro y de una nidada a otra nidada. Con el conocimiento combinado de la observación y del libro de registro, se puede conseguir una adecuada apreciación de los pájaros de cría adecuados.

La selección comienza en el nido, tan pronto como el polluelo tenga anillada su pata. Se deben anotar los polluelos que se desarrollan más rápidamente así como las actitudes de los padres. También se debería anotar con qué combinaciones de canarios se han producido los mejores polluelos y, a partir de estas primeras selecciones, se prepara la base para la siguiente época de cría. Cuando los polluelos se hayan emancipado, el criador experto será capaz de elegir a los mejores del grupo y empleará estos pájaros para la siguiente época de exposiciones.

En los meses que siguen a la época de reproducción, hay que decidir qué pájaros vamos a conservar para las crías posteriores y cuáles vamos a vender. Y aquí naturalmente juega su baza un cierto egoísmo totalmente comprensible.

Otra selección muy importante está centrada en las exposiciones. En ellas los pájaros son examinados por varios jueces expertos que van a destacar aquellos pájaros que posean las mejores cualidades. Por supuesto, los pájaros que reciben los principales premios en estas exposiciones tienen que tener prioridad en las siguientes crías.

El arte de la cría de canarios depende en un alto grado de la forma de selección. De hecho, la selección de padres aptos para producir polluelos casi perfectos puede describirse como un arte en sí mismo.

La selección tiene que tener en cuenta todas las características de cada pájaro, lo bueno y lo malo, lo deseable y lo rechazable. Hay que ser muy riguroso en la selección.

Por tanto, el criador inteligente selecciona a sus especímenes de cría mucho antes de la época de cría, escogiendo las combinaciones con el máximo cuidado, con frecuencia sazonado todo con algo de intuición. En la mayoría de los casos, el criador seleccionará a un segundo grupo de pájaros de cría, que podrá utilizar en caso de emergencia. Este procedimiento es mucho mejor que tener que comprar a toda prisa unos nuevos pájaros después de que haya comenzado la época de cría.

Ácaros rojos o de la sangre (Dermanyssus)

De vez en cuando una hembra se niega a dar de comer a sus polluelos, o incluso puede llegar a abandonarlos; los polluelos se muestran débiles y apáticos, o bien muestran un color pálido en el interior del pico en lugar de un color rojo saludable.

Una causa habitual de tales anomalías es el ácaro rojo, también llamado de la sangre, es decir, un diminuto parásito que vive en las grietas y en los rincones de las jaulas, pajareras, y habitaciones de pájaros durante el día, que se acerca a los nidos durante la noche para chupar la sangre de los polluelos y de sus madres, pero que desaparece de nuevo a su refugio antes del amanecer. Una infestación masiva de ácaros puede debilitar gravemente a los polluelos y constituye una amenaza para el éxito mismo de la época de cría.

Si sospecha que sus pájaros pueden sufrir una infestación de ácaros, limpie y desinfecte cuidadosamente todas las áreas en las que pueden alojarse. Exis-

Canario bronce mosaico

ten en el mercado insecticidas especialmente formulados para que puedan usarse cerca de los pájaros.

Como medida preventiva, siempre es más aconsejable, antes que tener que encontrar una solución, asegurarse de que las grietas y rincones de las jaulas y pajareras están totalmente bajo control. Las grietas y los agujeros se pueden cubrir fácilmente con alguno de los excelentes materiales de relleno que se pueden conseguir en los comercios. Después se cubre la zona de arena y se pinta; de esta forma conseguirá una zona limpia y libre de ácaros (véase también el apartado «Parásitos externos», en el capítulo dedicado a las enfermedades).

CONOCER A LOS CANARIOS

Un poco de historia

La clase *Aves* incluye a las aproximadamente 8.700 especies de pájaros modernos, cuyo tamaño oscila desde los inmensos avestruces que no vuelan, a los diminutos colibrís. Entre unos y otros, hay pájaros de todos los tamaños, formas y colores imaginables. Por este motivo es muy destacable que un pájaro tan relativamente insignificante como el canario haya evolucionado en los últimos siglos hasta el punto en que todo el mundo está familiarizado con él; es en realidad, el pájaro doméstico más popular del mundo.

Cualquiera que posea un conocimiento mínimo de biología es capaz de reconocer e identificar a un canario, aunque su nombre científico (*Serinus canarius* o *Fringilla canaria*) no le sea tan familiar. A lo largo de los años, este pequeño pájaro ha cambiado espectacularmente a partir de su antepasado silvestre de color pardusco, y ahora se puede contemplar en una rica variedad de formas y colores, que los primeros criadores de canarios jamás pudieron haber imaginado.

Todavía se pueden encontrar en toda Europa y en partes de Asia, subespecies de canarios silvestres que están relacionadas, y los ornitólogos –científicos profesionales que estudian a los pájaros– han dividido a los canarios en varios grupos. El canario más importante para el avicultor, por supuesto, es el que procede de las islas Canarias o de Madeira, islas que se encuentran en el océano Atlántico, frente a las costas africanas. El color de este pájaro salvaje es principalmente el verde aceituna, salpicado con varias rayas de color marrón (en la hembra) o amarillentas (en los machos). El amarillo de los machos no es muy evidente y por este motivo no se puede comparar con los actuales canarios amarillos. No importa lo insignificante que pueda parecer el aspecto del canario silvestre, tiene el honor de ser el antepasado de todos los actuales canarios de color, canto y forma.

La historia de su domesticación es bastante oscura, pero circulan algunas historias bastante creíbles, relacionada una de ellas con el francés Jean de Bethancourt, que se casó con una muchacha originaria de las islas

Canarias. Bethancourt se instaló en las islas y vivió principalmente de la pesca y de la agricultura. Fascinado por el canto de los canarios silvestres, empezó a construir pequeñas jaulas en su tiempo libre, que iba llenando con canarios que luego enviaba a España en los barcos españoles. Por tanto, se puede considerar que España es el país pionero en encerrar canarios en jaulas. Esta historia tiene que aceptarse por su valor simbólico, aunque no importa demasiado si se cree o no. Sin embargo, es cierto que durante los siglos XVI y XVII los canarios ya se criaban en diversos lugares. También se supone que se han criado en grandes cantidades en España durante el siglo XV.

Otra historia explica que España mantenía un pequeño reino en el mercado de canarios, y exportaba sólo unos pocos machos a Italia y a Suiza. Sin embargo, parece que en algún momento se cometió un error y en uno de esos viajes se introdujo a una hembra con los machos. La hembra con unos cuantos machos, llegaron a manos de un sacerdote que comenzó a criarlos. Quizá esta hembra se confundió con un macho debido a su brillante colorido o quizá a que su canto era muy parecido al del macho. De nuevo nos reservamos el derecho a enjuiciar la veracidad de esta segunda historia.

Probablemente, la historia mejor conocida sobre estos pájaros sea la de un barco español que naufragó en las costas de Italia debido a una tormenta, cuando se dirigía a Livorno. El cargamento constaba principalmente de canarios, y los marineros, que sintieron lástima de los pájaros, los liberaron. Los canarios permanecieron en la isla de Elba durante un período considerable de tiempo. Desde Elba, algunos encontraron el camino de regreso al continente. Sin embargo, ya no se han vuelto a encontrar canarios en Elba.

El canario silvestre no debe confundirse con el canario europeo, que, ornitológicamente, es una especie totalmente diferente. El canario europeo todavía se puede encontrar en Elba, pero no el canario silvestre.

Los pájaros que se refugiaron en Elba encontraron que el clima era de su gusto, y se multiplicaron. Los italianos se dieron cuenta de las posibilidades económicas de estos pequeños pájaros cantores, los capturaron por millares y los llevaron al continente. Los canarios viajaron desde el norte de Italia hacia el Tirol y hacia algunas zonas de Alemania donde fueron criados y comercializados con éxito. No pasó mucho tiempo antes de que se encontraran en Inglaterra y en Rusia.

Parece que los precios de los canarios no eran demasiado elevados,

Debido a los cambios del color de base, por ejemplo el rojo naranja, el canario verde se convierte en un bronce rojo naranja; o, con el rosa de color de base, en bronce rosa

ya que la mayoría de ellos eran criados por las clases trabajadoras. Los pobres pueblos montañosos de la región de Harz, en Alemania, criaban a sus pájaros tanto por placer como por conseguir algún beneficio. Sin embargo, no hay que deducir del párrafo anterior que los vendedores ambulantes de canarios de Harz los vendieran a precios bajos. Con respecto a esto, un compañero mío de profesión, C. Stork, me escribió la siguiente carta:

«En nuestros Países Bajos (Holanda) los canarios fueron importados de Alemania y Bélgica particularmente en el siglo XIX y a comienzos del siglo XX. Los Países Bajos ya habían criado algunos canarios, pero existía tal demanda que los vendedores ambulantes de otros países no tenían ningún problema para vender sus pájaros. Estos vendedores constituían una imagen muy común en nuestras ciudades y pueblos durante esa época. Llevaban a sus espaldas un elevado armazón de madera con muchas jaulas pequeñas atadas a él, y con cuatro a seis canarios en cada jaula. El artilugio se sujetaba a la espalda del vendedor ambulante mediante cinturones y estaba cubierto con una lona, que se enrollaba durante el buen tiempo. Se podía oír llegar al vendedor desde una distancia considerable, porque los pájaros ya se habían acostumbrado a su existencia nómada y cantaban con toda su energía.

»Estos vendedores viajaban de ciudad en ciudad y de pueblo en pueblo. Generalmente pasaban unos cuantos días alojados en algún establecimiento determinado, y esperaban a los compradores a los que se les hacía saber de la visita del vendedor a través de un anuncio publicado en un periódico local. Con las ventas, las jaulas se vaciaban, al contrario que el bolsillo del vendedor; al mismo tiempo, su provisión de ajenuz con la que alimentaba a sus canarios también se reducía. Los vendedores ambulantes generalmente criaban a sus propios pájaros. Vivían en el Harz, la Selva Negra, en Suabia y en Bavaria, así como en las proximidades de Lieja. Tan pronto como finalizaba la época de cría y los polluelos comenzaban a cantar, el pajarero se echaba la rejilla a su espalda y comenzaba su venta ambulante. Estos viajes se podían considerar casi una hazaña, especialmente si tenemos en cuenta que con frecuencia duraban hasta la primavera y que el pajarero iba a pie durante todo el camino. Muchos de ellos regresaban a los mismos alojamientos, y generalmente se les consideraba personas muy honestas porque el comprador siempre podía localizar al pajarero si el pájaro comprado enfermaba. Estos pajareros adquirieron un buen uso de la lengua holandesa, y seguro que disfrutaron de un buen nivel de vida, porque los buenos cantores les proporcionaban unos veinte florines holandeses o incluso más, en una época en la que un trabajador apenas ganaba más de diez florines a la semana».

Los canarios Harz también se encontraron en Inglaterra, un país que siempre ha tenido un gran interés por los asuntos avícolas. Muy pronto, Inglaterra desarrolló sus propios métodos con relación al desarrollo del canario, y realizó un espléndido trabajo a la hora de producir canarios de canto dentro de sus fronteras. Por supuesto, los talentos canoros de los canarios silvestres se mejoraron aún más mediante la cría selectiva, cuya simplicidad no tiene que ser subestimada.

En la Francia decadente, se intentó enriquecer el canto de los canarios mediante el uso de instrumentos musicales. Hervieux de Chanteloup, que estaba relacionado con la corte del rey Luis XIV, describió la existencia de pequeñas flautas especiales construidas para acompañar el canto de los canarios. Incluso se intentó enseñar a los

Canario bronce intensivo

canarios a imitar la voz humana, aunque sin éxito.

En 1750, el escritor holandés F. van Wickede escribió sobre las variedades de color que ahora son muy conocidas y apreciadas. Entre ellas se incluyen el ágata (verde diluido) y el isabela (canela), el *feuille morte* u hoja muerta, y el amarillo; incluso parece que hubo una variedad albina, aunque ya no existe ningún ejemplar. Los escritos de F. van Wickede acerca de los híbridos también son fascinantes. En su época, los cruces más conocidos con jilgueros, verderones, cardenalitos, pinzones y pardillos ya eran muy habituales. De hecho, incluso los cruces con gorriones y aguzanieves eran comunes. (Como ornitólogo, encuentro la posibilidad de tales cruces difícil de creer.)

Muchas cosas le han ocurrido al canario silvestre desde que fue capturado por vez primera. El color, la forma y especialmente el canto han experimentado una evolución considerable. Originalmente, el ruiseñor fue clasificado como el mejor pájaro cantante y el jilguero europeo se calificaba como un buen imitador de los cantos de otros pájaros, pero en nuestros días el canario ocupa el lugar que se merece.

Los alemanes fueron los pioneros y maestros del desarrollo del canto del canario. Es muy interesante asistir a una competición de canto o a una exposición donde se juzga a canarios de canto. Se sorprenderá por el repertorio de *rulos* o *tours*. Entre ellos se incluyen el rulo bajo (bass roll), el rulo hueco (hollow roll), el cloqueo de agua (water roll), la carcajada (schockel), y las campanillas huecas (hollow bells). El canario Roller Harz o Harz domesticado se desarrolló por su canto, y es todavía muy apreciado en nuestros días.

Los canarios de forma también comenzaron a atraer la atención de los aficionados, y cada variedad tuvo más o menos un comienzo seguido con frecuencia por una historia interesante. Estos pájaros representan una parcela muy importante del interés por los canarios y no deben ser considerados en modo alguno como subproductos de la canaricultura.

El canario lleva domesticado unos cinco siglos, proceso que comenzó aproximadamente al mismo tiempo que la imprenta. El canario ha evolucionado junto con la letra impresa y por este motivo han podido ser registrados algunos detalles interesantes y a veces increíbles. Cuando se leen esos textos antiguos, nos damos cuenta de que incluso los criadores de hace tanto tiempo conocían sorprendentemente a la perfección todo lo relacionado con el cuidado y la cría de los pájaros.

La primera mención del canario en la literatura probablemente fue en 1555, cuando el naturalista suizo Konrad von Gesner lo describió en su *Avium nature* (Historia natural de los pájaros). Aunque Gesner nunca había visto un canario, sus colegas que sí los habían visto le proporcionaron los detalles. Gesner denominó al canario «*Canaria avícula*». En esa época el canario también era conocido como pájaro de caña o de caña de azúcar, probablemente por el hecho de que existía una industria de azúcar de caña en las islas Canarias. (Un regalo ocasional de un poco de azúcar ciertamente no hará ningún daño a su canario, pero una alimentación habitual con exceso de azúcar puede hacerle engordar.)

Un erudito italiano, Aldrovandi, que estaba relacionado con la universidad de Bolonia, escribió sobre el canario en uno de sus muchos escritos y afirmó que el macho se puede distinguir fácilmente de la hembra por su color amarillo más intenso; también incluyó una ilustración, aunque no muy buena.

En 1622, se publicó en Roma un libro escrito por G. Olina, que contenía

Canarios bronce intensivo nevado. Las plumas nevadas son anchas y tienen la punta blanca, mientras que las plumas no nevadas son largas y estrechas

una ilustración muy hermosa de un canario, repetidamente reproducida en obras posteriores. Hacia fines del siglo XIX, entre los expertos en la materia hay que mencionar al doctor Karl Russ (Alemania), Josiah Blagrove (Inglaterra) y A. Nuyers y J.H. Beekman (Países Bajos). Todos ellos escribieron materiales muy interesantes e informativos. Actualmente, existe una gran cantidad de literatura disponible sobre los canarios.

El libro escrito por R. van der Mark, *Kanaries houden als liefhebberei* (Los canarios como afición), ilustra los grandes esfuerzos realizados por los criadores en los montes Harz y particularmente en St. Andreasberg. Escribe Van der Mark:

«El pueblo de St. Andreasberg tiene unos 3.800 habitantes agrupados en 800 familias, de las cuales 600 están ocupadas en la cría de canarios. La fabricación de jaulas para el canto, de jaulas de transporte, de cabinets o compartimentos para el canto, y otro equipamiento necesario para la cría de canarios, constituye una industria importante. En 1881, St. Andreasberg criaba no menos de 24.000 machos de

El canario doméstico es un descendiente del canario silvestre (*Serinus canarius*) y fue introducido en Europa por los colonos españoles

canarios Harz, que eran exportados a todas partes del mundo a unos precios elevados, porque la calidad de esos pájaros era famosa en todo el mundo».

La cría de canarios fue, durante muchos años, la principal industria en la región de Harz, aunque actualmente esta posición, desde hace algún tiempo, ha sido desplazada por el turismo. La decadencia en la industria ya era evidente en 1885, cuando un aumento de la infertilidad y debilidad causó que los polluelos muriesen en los nidos. Por desgracia, la calidad del canto también decayó. Los criadores expertos que no habían seguido el patrón rígido y continuado de crianza siguieron cobrando elevados precios por sus pájaros –aproximadamente unos 75 a 100 marcos alemanes, una cantidad considerable para esa época–. Sin embargo, esos pájaros se encontraron con problemas cuando se exportaron a Inglaterra, Rusia y los Estados Unidos, donde mostraron una espectacular decadencia. Se esforzaron por evitar la competición al restaurar el viejo truco de vender sólo machos, con la trágica consecuencia de incontables hembras eliminadas. Sin embargo, entre los habitantes montañeros, este hecho se convirtió en un medio de confinar la crianza en unos pocos pueblos determinados.

Durante la primera guerra mundial, algunos habitantes de St. Andreasberg viajaron a la frontera holandesa donde intercambiaron canarios machos y hembras por alimentos, especialmente café. El apogeo de

St.Andreasberg y de toda la región de Harz se terminó, pero el nombre del canario Harz siempre recordará a los aficionados el origen geográfico de muchos de los grandes logros alcanzados en la cría de canarios.

Los criadores de canarios de Bélgica han conseguido una excelente reputación por sus Waterslagers (también llamados canarios Malinois), a los que después se han añadido diversas variedades de forma. Los canaricultores de los Países Bajos tampoco han permanecido inactivos, ya que miles de canarios de color y de forma de origen holandés viajan anualmente a todas las partes del mundo. Los belgas y los holandeses se han ganado la reputación de tener un estándar muy alto en las exposiciones de canarios. Sus países con frecuencia consiguen los más altos honores y los primeros premios en las competiciones internacionales. Cuando las leyes de Mendel se generalizaron, estas razas fueron perfeccionadas.

El canario por dentro y por fuera

¿Cómo es un canario por dentro? El diagrama nos muestra el esqueleto de un pájaro, la estructura ósea que mantiene unido el cuerpo del pájaro. Al igual que sucede en la mayoría de los pájaros, el esqueleto del canario es extremadamente ligero y está muy bien construido, requisitos imprescindibles para que el pájaro pueda volar.

Aunque los huesos de las aves son finos, son sorprendentemente resistentes, ya que contienen más sales de calcio que los huesos de los mamíferos. Imaginémonos la cantidad de tensión que estos pequeños pies aparentemente frágiles de los canarios tienen

Los huesos de los canarios son muy ligeros, y también muy propensos a fracturarse; gran número de ellos no son más gruesos que una cáscara de huevo y son huecos. Estos huesos neumáticos (obsérvese el corte longitudinal) contienen travesaños interiores y sacos de aire o cavidades medulares y actúan como depósitos de aire que se comunican con los pulmones para respirar. El esternón en forma de quilla ofrece un excelente punto de unión en el que van adheridos los poderosos músculos que permiten volar al pájaro

129

que soportar cuando los pájaros saltan de una percha a otra.

Para que los huesos sean todavía más ligeros, contienen en su interior un laberinto de bolsas de aire. Estas bolsas reducen el peso sin disminuir la fortaleza del hueso. (Compárese con el cuadro de una bicicleta vacío.) El esqueleto y la vértebra superior del cuello están unidos por una articulación extremadamente eficaz, que permite al pájaro girar su cabeza unos 180 grados, muy importante para que el pájaro pueda tener acceso a todas las plumas de su cuerpo. Es más, permite al pájaro esconder su cabeza entre las plumas cuando duerme.

La mandíbula superior está fijada de forma rígida al cráneo, mientras que la mandíbula inferior está unida al cráneo por un cuadrado móvil que le permite moverla independientemente. Es preciso que los criadores conozcan este hecho; cuando administren medicinas o alimenten artificialmente a los pájaros jóvenes, es la mandíbula inferior la que tienen que empujar hacia abajo, para abrir la boca.

Las partes más duras del pico del canario son la punta y los bordes, lo cual es necesario para que el pájaro pueda descascarillar las semillas duras. Las otras partes del pico son más blandas. El pico está cubierto con una fina membrana, que si se lesiona, puede conducir a una infección.

Los huesos más fuertes y más duros del canario son los que se encuentran en el pecho y en las alas. Estos huesos son más importantes para un pájaro que vuela que los de las patas y pies, que por este motivo son menos fuertes. En el caso de los pájaros que no pueden volar, como el avestruz, por ejemplo, se da la situación contraria, ya que los huesos de las piernas son más fuertes que los del pecho y las alas.

Para poder usar las alas, el pájaro posee músculos sumamente desarrollados. Los músculos que le permiten volar están unidos a la quilla del esternón, muy amplia. El esternón está unido a la columna vertebral por las costillas y a la espoleta de las clavículas por el coracoides. Las extremidades están unidas a la pelvis por una articulación conocida como acetábulo. En el canario, el fémur y las partes superiores de la tibia y el peroné se encuentran dentro del abdomen.

El esqueleto de las alas de un pájaro está formado por el húmero (hueso superior del brazo), el cúbito y el radio, y el equivalente a la mano, unida al cúbito y al radio por medio del cubital y el radial, y que consiste en el carpometacarpo y los dedos del 1 al 3. En las patas de los canarios y de muchos otros pájaros, hay unos tendones especiales que evitan que el pájaro se caiga de su percha cuando duerme.

CONOCER A LOS CANARIOS

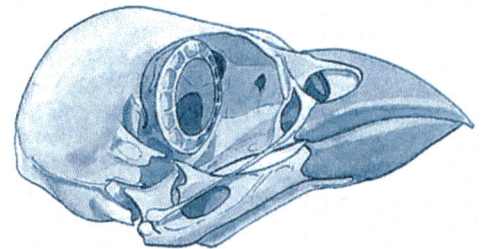

El cráneo, así como los huesos de la columna y diversos huesos de las patas, tienen forma ahusada. La órbita del ojo es grande; el pico es fuerte y tiene forma de barril

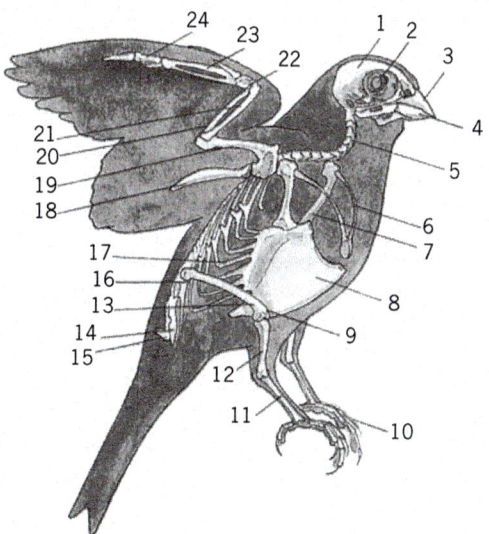

Esqueleto de un canario
1. Cráneo
2. Fosa orbital
3. Mandíbula superior
4. Mandíbula inferior
5. Columna vertebral
6. Clavícula
7. Coracoides
8. Esternón y quilla
9. Rótula
10. Falanges
11. Tarso
12. Tibia y peroné
13. Fémur
14. Pelvis
15. Pigostilo
16. Isquion
17. Costillas
18. Escápula
19. Húmero
20. Radio
21. Cúbito
22. Carpianos
23. Metacarpianos
24. Falanges

Un canario marrón dorado nevado. Obsérvese las puntas de las plumas, que están pigmentadas o nevadas

Funciona de la siguiente forma: los músculos que agarrotan los dedos finalizan en un tendón que pasa junto al borde exterior de las articulaciones. Cuando los dedos se aferran a una percha, y el pájaro está relajado, el tendón bloquea los músculos del dedo y el pájaro permanece fijo hasta que estira de nuevo sus músculos.

Una mirada a los órganos internos revela que el estómago está situado en la mitad del cuerpo. Está dividido en dos compartimentos, el proventrículo y el ventrículo o molleja. El estómago de un granívoro es un órgano muy importante ya que el pájaro no puede masticar las semillas que ingiere; el estómago, por tanto, tiene que triturar la comida para ayudar a la digestión. La digestión en la mayoría de los pájaros también es ayudada por el buche, que se puede comparar con una bolsa de almacenamiento para comida, donde tiene lugar el comienzo de la digestión. La comida pasa desde el buche lentamente hacia el proventrículo, donde se vierten sobre ella fuertes jugos gástricos, antes de pasar a la molleja (los jugos gástricos de los pájaros son generalmente más fuertes que los de los mamíferos).

La molleja tiene unas paredes extremadamente musculosas y está revestida por una membrana fuerte, de la textura del cuero. Todo el órgano está diseñado para triturar la comida, como las semillas duras, y convertirla en pulpa que se pueda digerir. Las pequeñas piedras y la arenilla que el pájaro traga, se asientan en la molleja y ayudan a la trituración. Estas piedrecillas se desgastan y atraviesan todo el aparato digestivo; éste es uno de los motivos por los cuales es tan importante que el canario disponga siempre de un suministro

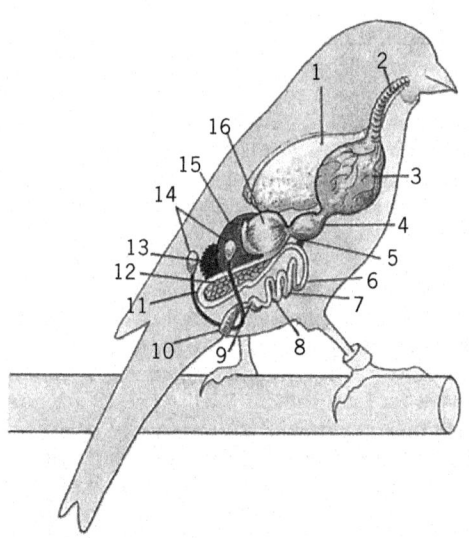

Algunos órganos internos del canario
1. Pulmones
2. Esófago
3. Buche
4. Estómago o proventrículo
5. Vesícula biliar
6. Yeyuno
7. Íleon
8. Intestino delgado
9. Ciego
10. Cloaca
11. Duodeno
12. Páncreas
13. Bazo
14. Riñones
15. Hígado
16. Molleja o ventrículo

constante de arena. El otro motivo, por supuesto, es que una parte de la misma arena proporciona al cuerpo los minerales esenciales que precisa.

Desde la molleja, la comida triturada pasa a los intestinos, que en un canario son relativamente largos debido al tipo de comida que ingiere. En un pájaro de presa, por ejemplo, que se alimenta con carne relativamente más fácil de digerir, los intestinos son mucho más cortos.

El canal intestinal finaliza en la cloaca, una especie de saco para usos diversos, en el cual también desembocan los uréteres, así como los oviductos en la hembra y el conducto seminal en el macho.

Todos los pájaros tienen un metabolismo relativamente rápido, que está relacionado con la relativamente elevada temperatura de la sangre y con los requerimientos de energía. Los pájaros pequeños de pajareras, incluidos los canarios, tienen una temperatura corporal normal de 41 a 42 °C, una temperatura muy elevada si se compara con la de la mayoría de los mamíferos, en los cuales indicaría fiebre.

Los requerimientos alimenticios de los pájaros tienen una gran relación con la elevada velocidad de su metabolismo. Los pájaros, incluyendo los canarios, no pueden sobrevivir mucho tiempo sin comida. Ya que las semillas son relativamente pobres en nutrientes, el canario debe comer mucha cantidad de semillas con tal de cubrir su cupo alimenticio. Según la estación del año, estos pequeños pájaros comen del 10 al 20 por ciento de su peso todos los días. Las necesidades alimenticias de los pájaros –proteínas en particular– y especialmente de las hembras en la época de cría, aumenta espectacularmente.

Al igual que ocurre con los huesos, las pequeñas bolsas de aire también se encuentran en otras partes del cuerpo de los canarios. Ayudan a mantener el peso total del pájaro y, además, actúan como un depósito suplementario de oxígeno. Durante el vuelo, el pájaro requiere cantidades adicionales de oxígeno, que obtiene de los grandes pulmones y de los sacos aéreos conectados.

¿Cómo es el canario por fuera? Hay muchos aspectos interesantes acerca de las diversas partes del canario. Las plumas son particularmente importantes tanto para el canaricultor como para el canario. En efecto, si los canarios no tuvieran plumas, seguramente habría muy pocos canaricultores. El canaricultor está interesado en los colores y en el estado de las plumas, pero para los pájaros, las plumas desempeñan tres funciones importantes:

– Les aíslan de las temperaturas extremas.

– Les proporcionan la posibilidad de volar.

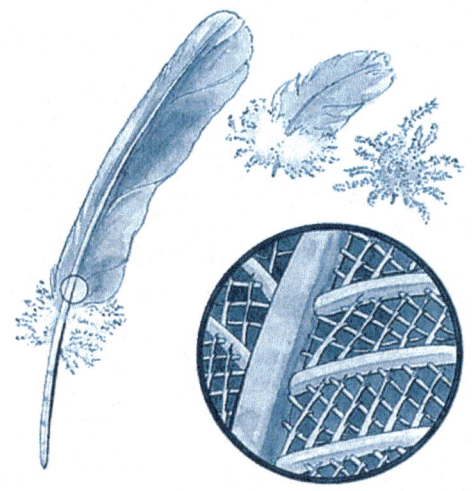

Los tres tipos de plumas más comunes son (de izquierda a derecha): plumas de vuelo, coberteras y plumón. Las barbas paralelas (véase el detalle) a cada lado del cañón o cálamo poseen pequeños filamentos equipados con garfios microscópicos que se entrelazan en una red, proporcionando la consistencia que el canario necesita para vencer la resistencia del aire.

– Constituyen una característica sexual secundaria.

La primera de esas funciones es muy clara. Al atrapar el aire entre las plumas, los pájaros consiguen un excelente aislamiento. Durante el tiempo frío las plumas se ahuecan para atrapar todavía más aire, que es muy mal conductor del calor, mientras que durante el tiempo cálido el aire se expulsa para que el animal pueda perder algo de calor. Por tanto, el canario parece más gordo en el tiempo frío que en el cálido. Los pájaros que requieren un aislamiento aún mayor contra el frío por razones de hábitat (los patos, por ejemplo) tienen un mayor número de plumas.

Las plumas están situadas en ciertas áreas de la piel. Hay áreas espesamente emplumadas y áreas casi sin plumas. Sin embargo, el conjunto de las plumas protege todas las partes de la superficie corporal. Durante la muda anual, las plumas viejas y gastadas se desprenden y son sustituidas por otras nuevas. En el canario, la muda comienza en los hombros y en la cola; a continuación se muda el cuello, el pecho, el vientre y las alas. De esta forma, el pájaro no muda todas las plumas a la vez, para no quedarse calvo; y puede continuar volando mientras las plumas de vuelo primarias y secundarias se van renovando gradualmente.

Los nombres de las diversas plumas y de las otras partes del cuerpo se pueden ver en los diagramas adjuntos. Se aconseja familiarizarse con todos estos nombres, ya que el tratamiento

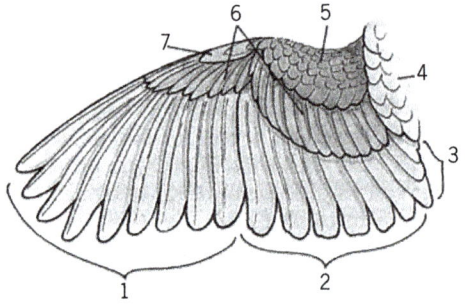

Las alas

1. Remeras primarias
2. Remeras secundarias
3. Remeras terciarias
4. Escapulares
5. Coberteras pequeñas y medianas
6. Coberteras primarias
7. Álula

de los colores y de otros aspectos del pájaro requiere su constante manejo.

La domesticación de los canarios

Los canarios son pájaros activos e inteligentes por naturaleza, tardan muy poco tiempo en descubrir qué miembros de la familia están más implicados en su cuidado y atención. Los canaricultores que posean pajareras de jardín, por ejemplo, saben que los pájaros están esperando cerca de la tela metálica de la pajarera cuando se les lleva la comida fresca cada mañana.

Los canarios, por lo general, no tienen miedo ni son vergonzosos y pronto se adaptan a la mayoría de las situaciones. Aquellos que les cuidan son considerados amigos. Sin embargo, esto no significa que un canario se convierta en un animal doméstico y confiado como un loro o un periquito. Una excepción es el canario que ha sido amorosa y cuidadosamente criado hasta su emancipación; considerará a la persona que le ha criado a mano como si fuera de su propia especie, no un ser humano, sino otro canario. Un pájaro macho cantará y cortejará a su asistente, mientras que la hembra le invitará a aparearse. El pájaro ve principalmente la cabeza y el rostro de la persona que le cuida, especialmente los ojos y la boca; pero también las manos que le proporcionan alimento y que desempeñan un importante papel en el desarrollo del polluelo.

Para conseguir un buen contacto ocular con un pájaro doméstico, es decir, con un canario criado por nosotros, puede animarle a sentarse en la palma de su mano o sobre sus dedos y sostenerlo a unos 30 cm de su cara. El hombro es otro lugar favorito; para el pájaro es una firme percha desde la cual puede mirar a su alrededor sin tener miedo a caer, y el contacto ocular es fácil de mantener. No tardará mucho en ver que su hombro es el lugar de aterrizaje favorito para su canario domesticado.

Por supuesto, hay canarios que rehusarán resueltamente domesticarse y se negarán incluso a apoyarse en la mano o en el hombro. Esta conducta procede con frecuencia de alguna mala experiencia anterior que hayan podido sufrir. Una buena indicación de que un canario domesticado no está particularmente temeroso de su dedo o de su mano es cuando canta

Conocer las diferentes partes del exterior del canario es especialmente útil cuando se trata con criadores, jueces y veterinarios especialistas en pájaros

1. Coronilla
2. Frente
3. Ojo
4. Mandíbula superior del pico
5. Mandíbula inferior del pico
6. Mentón y garganta
7. Pechuga
8. Dedos anteriores
9. Dedo posterior
10. Tibia
11. Cloaca y coberteras inferiores de la cola
12. Cola y coberteras superiores de la cola
13. Rabadilla
14. Ala
15. Curva del ala y hombro
16. Dorso

o intenta aparearse con la mano que se le tiende.

Si el entendimiento entre el asistente y el pájaro no es tan bueno, el canario considerará a un accesorio de la jaula o de la habitación como «compañero formal», por ejemplo, una pelota amarilla o cualquier otro juguete, un pájaro de plástico, e incluso su propio reflejo en un espejo. No se preocupe en exceso si observa una conducta similar en su pájaro domesticado y criado por usted; se está comportando de forma muy natural.

Un canario domesticado no se puede comparar por ejemplo, con un periquito o un loro. Pero con un cuidado amoroso y atento, es posible que el canario casi se domestique. En general, el canaricultor se preocupa menos por este aspecto que por las cuestiones de reproducción, color y canto, que se tratan con más detalle en los capítulos correspondientes.

PREVENCIÓN Y CURA DE LAS ENFERMEDADES

Indicios de enfermedad

Después de comprar unos canarios sanos, es responsabilidad suya mantenerlos de esta forma y prevenir cualquier enfermedad. Toda su afición a los canarios depende de la salud de sus pájaros, no sólo de los éxitos y fracasos de la reproducción. Si comienza con unos pájaros enfermos o inferiores, lo único que podrá esperar de ellos es mala suerte y una serie de decepciones; éste es el motivo por el que tantos principiantes abandonan al poco tiempo de haber empezado.

La enfermedad en una jaula de cría constituye un desastre tanto directa como indirectamente. A veces nos puede parecer que un pájaro enfermo esté mejorando, pero lo más probable es que todavía lleve dentro los organismos que le han causado la enfermedad. Esta contingencia puede dar lugar a resultados inferiores en la reproducción así como a la posibilidad de que el mal se transmita a la descendencia.

Hay que evitar la enfermedad a toda costa. Unas buenas instalaciones y una atención constante al canario favorecerán las medidas de prevención. Los pájaros no padecerán ninguna enfermedad, o padecerán alguna sólo de tarde en tarde, y su estado de salud continuará siendo óptimo. De esta forma podrá esperar buenos resultados de sus ejemplares, y ya no se verá defraudado por ellos.

Pero, incluso con el mejor de los cuidados, algunos canarios pueden enfermar, sobre todo cuando no se conocen todas las circunstancias que pueden favorecer la aparición de enfermedades. Los canaricultores que conocen muy bien su cometido e inspeccionan a sus pájaros diaria y diligentemente son capaces de atajar de raíz cualquier desastre potencial, mucho antes que los aficionados negligentes que no llevan a cabo las labores de prevención. Por tanto, hay que ponerse manos a la obra inmediatamente, antes de que sea demasiado tarde.

Un canario sano es un pájaro ágil y alegre con un plumaje apretado, ojos brillantes, una voz clara y un apetito saludable. No tiene parásitos, canta con alegría de vivir, se aferra a la percha más alta con porte orgulloso y es la viva imagen de la actividad.

El canario enfermo es exactamente lo contrario. Permanece en su percha con las plumas erizadas; cuando come, sólo picotea la comida; no vuela, no canta, permite que se haga cualquier cosa con él, y deja que sus plumas cuelguen lastimeramente. Duerme demasiado y se apoya en los dos pies en lugar de en uno sólo, como lo haría un pájaro sano.

Para entonces, incluso un canaricultor descuidado ya tiene que haberse dado cuenta de que algo va mal, aunque probablemente sea demasiado tarde. Sin embargo, el canaricultor más diligente quizá haya detectado una cierta ronquera en la voz del pájaro mucho antes de que se evidenciasen síntomas más graves. Quizá haya visto al pájaro dormir en un momento en el que antes habitualmente no dormía y sabe que esta actitud es una advertencia de que algo no va bien y que tendrá que vigilar aún más estrechamente si cabe a su pájaro.

Observe con atención los excrementos. Normalmente son bastante secos y coloreados de una mezcla de blanco, gris y negro. Un cambio de color, o excrementos más líquidos y finos, es un indicio seguro de que el pájaro está enfermo.

Quizá pensemos que lo primero que hay que hacer es descubrir exactamente qué enfermedad está sufriendo el pájaro. Pero no es así; lo más importante que hay que hacer primero es coger inmediatamente al pájaro y colocarlo en un lugar cálido o, preferi-

Un canario enfermo, con los ojos llorosos o apagados y con las plumas ahuecadas, con frecuencia tiene el aspecto de una lastimera bola de plumas; se apoya en una esquina o bajo un comedero, durmiendo con la cabeza escondida entre las plumas

PREVENCIÓN Y CURA DE LAS ENFERMEDADES

Canario marrón rojo naranja intensivo de excelente calidad

blemente, en una jaula enfermería. Una jaula enfermería (véanse las páginas siguientes) debería formar parte del equipamiento habitual de todos los criadores de canarios. El pájaro encontrará paz y calor en la jaula, factores imprescindibles y que requiere para su total curación. Hay que suministrarle agua y alimento, y situarlos a su alcance, así como vigilarle más estrechamente.

Los síntomas nos darán algunas pistas de la naturaleza de la enfermedad; de esta forma los canaricultores expertos sabrán, con cierto grado de exactitud, qué es lo que va mal. Sin embargo, el diagnóstico de muchas enfermedades no es una tarea fácil. Incluso al veterinario a veces le resulta bastante difícil reconocer las enfermedades de los pájaros. El veterinario especializado en aves puede encontrar la causa sólo después de un examen intensivo del pájaro.

Por consiguiente, los principiantes no deben arriesgarse a intentar curar al pájaro, a no ser que hayan sido aconsejados por un experto. Afortunadamente, la mayoría de las enfermedades son fácilmente diagnosticables por sus síntomas, incluso para los principiantes, y la mayoría de ellas pueden tratarse solamente con la aplicación de calor y descanso.

El veterinario es la persona más idónea para tratar a un pájaro enfermo, pero cuando se tiene en cuenta que la tarifa del facultativo probablemente sea mayor que lo que ha costado el pájaro, es bastante razonable que el aficionado decida aprender lo más posible acerca del diagnóstico y tratamiento de las enfermedades de los pájaros. Sin embargo, es preciso tomar precauciones extremas a la hora de administrar cualquier medicina.

El aficionado siempre intentará salvar la vida de un pájaro enfermo. Incluso un pájaro «barato» merece vivir. Después de unas cuantas horas en la jaula enfermería, inspeccione más detalladamente al pájaro enfermo. Sople las plumas que se encuentran alrededor de la zona anal y compruebe si está sucia o cubierta de lodo. Si este fuera el caso, ello indicaría algún tipo de problema digestivo o infección intestinal. Compruebe si se aprecian marcas oscuras en la piel del vientre. En este caso, lo más probable es que sea una infección del hígado, y es mejor consultar con un veterinario. Palpe la carne a cada lado del esternón; si la nota mustia, es otra indicación de que la salud del pájaro se ha resentido.

Unas ventanas de la nariz moqueantes o húmedas pueden significar aspergilosis (una enfermedad del sistema respiratorio que es casi incurable y está causada por la inhalación de esporas), pero afortunadamente, en la mayoría de los casos se trata de una infección respiratoria menor contra la cual siempre se puede hacer algo.

Más grave aún es cuando el pájaro tiene dificultad en respirar. Jadear con el pico abierto puede significar una enfermedad eruptiva. Busque pústulas en los pies, la base del pico y junto a los bordes de las alas.

Si el pájaro acaba de enfermar y está continuamente rascándose, puede estar infestado de parásitos. Las hembras quizá sufran de bloqueo ovular. Si, después del examen, no ha encontrado ningún síntoma claro para poder realizar un diagnóstico, vuelva a examinar al pájaro. Quizá encuentre un ala o una pierna rota o hinchada; quizá el pájaro padezca una infección ocular y muestre áreas inflamadas alrededor de los ojos.

Piense en cualquier otra causa. ¿Es adecuada su dieta? ¿Se ha reducido la ingestión de calcio, vitaminas o proteínas? ¿Está contaminada el agua de

Prevención y cura de las enfermedades

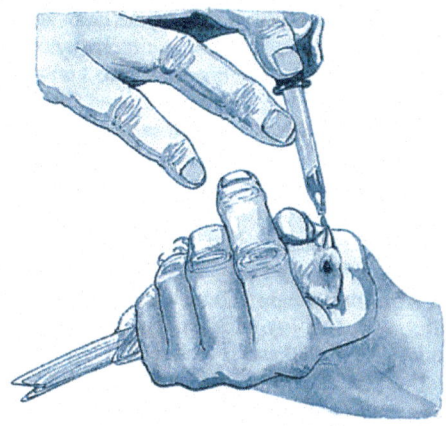

A veces es esencial disponer de un gotero de plástico para administrar las vitaminas o medicamentos, de acuerdo siempre con las especificaciones del veterinario

beber? ¿Puede tener hipotermia? ¿Se ha acabado la comida?

Si sospecha que el pájaro está enfermo de algo concreto, es fácil tomar las medidas adecuadas. Si no puede encontrar qué es lo que le produce el malestar, instálelo de nuevo en su cálida jaula enfermería. No le administre ningún medicamento a no ser que actúe bajo el consejo de un veterinario.

Si la enfermedad no parece ser demasiado grave, ofrezca al pájaro agua para beber con una pizca de bicarbonato sódico, algunas semillas un poco mojadas, o un trozo de pan mojado en agua, y consérvelo en la jaula enfermería para una posterior observación.

Tratamiento

La primera parte del tratamiento es la aplicación de calor. Un pájaro enfermo debe ser inmediatamente aislado en un lugar cálido después de que se haya descubierto su malestar. El aislamiento, por supuesto, ayudará a proteger al resto de los pájaros del contagio de la enfermedad, en caso de que sea infecciosa, y la aplicación de calor es la primera parte del tratamiento. En el invierno, se puede trasladar al pájaro a una habitación cálida de la casa, pero es mucho más recomendable instalar al pájaro en un lugar donde la temperatura se pueda mantener constante entre los 29 y los 32 °C. La mejor forma de conseguirlo es mediante la ya mencionada jaula enfermería.

Esta jaula especial se puede adquirir en las tiendas de animales, pero incluso la persona menos hábil puede construirse una ella misma.

Consiste en una jaula de tipo cajón con la parte frontal de cristal, y con unas medidas de 40 x 40 x 40 cm. En la parte inferior de la jaula se instalan cuatro lamparillas incandescentes de tungsteno de 60 vatios, de tal forma que cada una funcione independientemente. Gracias a este sistema, en la jaula puede conseguirse la temperatura correcta, sea cual sea la temperatura exterior. Las lamparillas deben estar separadas del área principal de la jaula por una lámina de material no inflamable. La mejor probablemente sea una lámina de metal, ya que conduce rápidamente el calor hacia el interior de la jaula y protege al pájaro de la luz brillante.

Hay que fijar un termómetro de fácil lectura en una de las paredes de la jaula. La bandeja extraíble de la base se cubre de arena, que debe ser cambiada dos veces al día dado que es muy probable que los excrementos de un pájaro enfermo sean infecciosos. Para controlar a un pájaro enfermo es importante vigilar a diario sus excreciones. Este control sólo se puede llevar a cabo si el material de la parte inferior de la jaula se presta a esa evaluación; por la mañana y a últimas horas de la tarde use toallas de papel, de periódico o algún material impermeable al agua que permita esa evaluación.

La instalación de una pantalla de tela metálica por encima de la ban-

Jaula enfermería provisional, para casos de emergencia

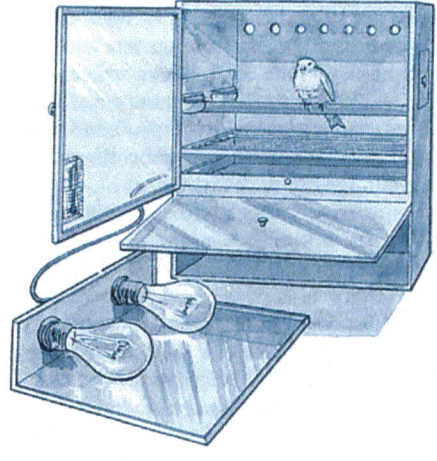

Esta jaula enfermería original, que se puede adquirir en las mejores tiendas especializadas, está diseñada para aislar a los pájaros enfermos y vigilar su recuperación. Proporciona el calor necesario, sirve para muchas clases de pájaros y se aplica en una gran variedad de enfermedades

deja permitirá que los excrementos pasen a través de ella, y de esta forma se evitará que el pájaro se ensucie. Aunque la parte frontal de cristal deslizable es movible, es más cómodo contar con una pequeña puerta de servicio adicional en uno de los laterales, para que se le pueda ofrecer agua y comida; agua especialmente, porque es muy probable que el pájaro tenga mucha sed.

Aunque hay que mantener caliente al pájaro, no conviene negarle una adecuada ventilación. En un área caliente y pequeña, tiene que circular el aire fresco, pero sin corrientes de aire. Esto se consigue perforando unos cuantos agujeros pequeños en la parte superior de los laterales de la jaula.

Después de cada uso, hay que limpiar, desinfectar, aclarar y secar concienzudamente la jaula enfermería por dentro y por fuera, y dejarla preparada para la siguiente emergencia. Un consejo: asegúrese de que desconecta el suministro eléctrico antes de limpiar la jaula.

Cuando tratamos con pájaros enfermos, son esenciales unas estrictas medidas higiénicas. Por tanto, ofrezca a los pájaros buena comida y agua limpia, vegetales frescos y comida suave recién preparada. Limpie la suciedad y los excrementos con tanta frecuencia como sea necesario y no olvide su propia higiene personal. No querrá ser usted el culpable de extender la enfermedad al resto de sus pájaros.

En muchos casos, el pájaro enfermo se cura después de pasar una temporada en la jaula enfermería sin necesidad de ningún otro tratamiento. El calor hace maravillas cuando se aplica a los pájaros enfermos.

Si el pájaro no mejora, examínelo de nuevo. Observe especialmente los excrementos; si son delgados o acuosos o presentan un aspecto lechoso, entonces es muy probable que exista un trastorno intestinal. Una pequeña cantidad (la punta de un cuchillo) de bicarbonato de soda en el agua de beber suele obrar milagros en los canarios que están sufriendo de esos trastornos. Si encuentra que el pájaro está infestado de parásitos mientras le examina, limpie entre las plumas o rocíelas con un insecticida especial. Hay varias marcas disponibles para su uso con pájaros pequeños.

Cualquier herida o llaga, o un área infectada alrededor del pico o de los ojos, debería ser untada con una pequeña cantidad de pomada antibiótica (penicilina).

Si después de un examen cuidadoso todavía no puede encontrar la causa de la enfermedad de su pájaro, lo mejor que puede hacer entonces es acudir a un veterinario. Un veterinario especializado en pájaros pronto diagnosticará la enfermedad y será capaz de recetar el tratamiento adecuado. Hoy en día existen en el mercado muchas medicinas excelentes para tratar todo tipo de enfermedades, y sea cual sea el tratamiento que aconseje el veterinario, deberá administrarlo exactamente siguiendo sus instrucciones. Recuerde que con frecuencia una sobredosis puede resultar más mortal que la misma enfermedad.

Enfermedades y lesiones

La siguiente lista ordenada alfabéticamente describe las enfermedades y lesiones más conocidas de los pájaros, su prevención y su tratamiento. Las enfermedades más raras no están incluidas aquí. Si no está seguro de las causas de la enfermedad de su canario, solicite el consejo experto de un veterinario o de un canaricultor experimentado.

Arrancado de las plumas

El arrancado de las plumas es un trastorno del comportamiento que puede darse hacia el final de una muda normal o anormal, aunque una infestación de parásitos internos también suele provocar que surja esta costumbre. La irritación que el pájaro experimenta en ese momento puede dar lugar a que primero se rasque y finalmente se arranque las plumas. Desgraciadamente se convierte en un hábito que es difícil de curar una vez establecido, especialmente en el caso de las hembras.

Canario marrón rojo. Las primeras mutaciones marrones aparecieron alrededor de 1700

Algunas hembras comienzan arrancándose las plumas si el material que tienen para construir el nido durante la época de cría es inadecuado. Generalmente, el problema se soluciona al proporcionar a la hembra accesorios adecuados para el nido y una gran cantidad de material para su construcción. Muchos criadores cuelgan tejidos diversos en el enrejado de la jaula o en la tela metálica de la pajarera, con el objeto de dar a los pájaros algo en que tener ocupada su mente.

De vez en cuando sucede que una hembra, ansiosa de preparar ya el siguiente nido, comienza a arrancar las plumas de los polluelos de la nidada anterior, que todavía están en el nido. Ante esta situación, hay que aislar a los polluelos de sus padres mediante un separador de tela metálica o de barrotes. Los jóvenes siguen siendo alimentados por sus padres a través de la tela metálica, pero se encuentran a salvo del pico que les arranca las plumas, generalmente el de su madre.

Los jóvenes pájaros también pueden ponerse a picotear sus plumas, especialmente si están hacinados en un pequeño espacio. Es el caso de polluelos que no han hecho todavía su primera muda pero ya están emancipados. Una buena dieta y espacio suficiente, por regla general, curarán este hábito.

Cuando este hábito de arrancar las plumas ya ha arraigado en una pajarera, es bastante difícil de erradicar. Normalmente, un pájaro comienza a hacerlo y otros le imitan. El canaricultor que observa todos los días a sus pájaros es capaz de atrapar al culpable antes de que haga daño al resto. El arrancador de plumas, por supuesto, debe trasladarse y aislarse en una jaula espaciosa, donde recibirá una buena dieta equilibrada y se le darán algunas fibras de pita o de cáñamo para que se entretenga.

Los pájaros que son «víctimas» de los arrancadores de plumas muestran zonas calvas en la parte inferior de la espalda. En los casos más graves, las zonas desplumadas también pueden aparecer picoteadas y doloridas. Y por si fuera poco, esto atrae la atención de otros canarios que también comienzan a atacar a la víctima. No es preciso decir que los pájaros que son atacados, también deberían separarse inmediatamente de los demás, antes de que sea demasiado tarde. Una vez que todas sus plumas hayan salido de nuevo, estos pájaros pueden regresar con el resto. Los arrancadores de plumas entre los canarios lizard son, por supuesto, desastrosos, ya que el plumaje es lo que caracteriza precisamente a esos pájaros.

Aspergilosis

Es una enfermedad fúngica grave, y con frecuencia fatal, que afecta al sistema respiratorio y que puede instalarse en los pulmones y los sacos aéreos del pájaro. Está causada por ciertos hongos que se introducen por inhalación, particularmente el *Aspergillus fumigatus*, muy común en el heno, paja, forraje, semillas, etc., húmedos o enmohecidos. Con la infección en estado avanzado, el aparato respiratorio y los sacos aéreos se llenan con una pus amarillenta y parecida al queso fresco, que dificulta gravemente la respiración del pájaro. Éste pierde el apetito y, por supuesto, se debilita gravemente. Cuando llega a este estado, generalmente ya no hay solución. Hasta la fecha, existe ninguna cura para esta enfermedad una vez que aparece; por tanto, la prevención es la clave para evitarla. Sin embargo, el veterinario puede dar alguna medicación de ayuda. Recientemente se han conseguido buenos resultados (aproximadamente con un 70 por ciento de éxito) con la administración de quetoconazol. Para la aspergilosis de los pulmones y de los sacos aéreos, resultan bastante útiles las pulverizaciones ultrasónicas con anfotericina B

PREVENCIÓN Y CURA DE LAS ENFERMEDADES

El canario ágata plateado es un pájaro que pertenece a los canarios ágata o pigmentados. El nombre fue dado a un carácter de dilución del color que apareció a finales del siglo XVII.

o miconade fluorocicina, sobre lo cual le informará su veterinario.

Dé siempre a sus pájaros semillas limpias, sin polvo y totalmente secas (excepto en el caso de las semillas húmedas acabadas de preparar o de semillas germinadas, que en ningún caso deben estar enmohecidas antes de su uso). No guarde semillas cerca de almacenes de heno, paja o productos similares, especialmente si están enmohecidos. Los establos y otros alojamientos de animales se pueden convertir en el lugar idóneo para el crecimiento de la aspergilosis; por tanto, lo mejor es mantener las pajareras lejos de esos lugares. Si se da un caso de esta enfermedad entre sus animales, retire a todos los demás pájaros de la pajarera o de las jaulas adyacentes, quite el polvo a fondo, frote y lave cuidadosamente todas las superficies. Finalmente, desinfecte la jaula o las jaulas con una solución de sulfato de cobre al 1 por ciento y deje que se seque antes de devolver a los pájaros a sus lugares respectivos.

Caída de las plumas

La pérdida de las plumas en ciertas partes del cuerpo puede ser causada por varios factores, incluyendo los ácaros (para el tratamiento, véase el apartado referente a parásitos externos). Las variaciones repentinas de temperatura también pueden provocar la pérdida de las plumas. Las pajareras exteriores que están parcialmente o incluso completamente cerradas con cristal se pueden convertir en auténticas trampas de calor durante los días más calurosos del verano, mientras que la temperatura puede descender espectacularmente por la noche. Con frecuencia aparecen en la cabeza zonas desplumadas como resultado de estas variaciones de temperatura. Hay que cuidar al máximo el diseño de la pajarera para contrarrestar este posible problema.

Por supuesto, durante la muda anual las zonas desplumadas son algo natural, aunque los pájaros no deberían perder demasiadas plumas a la vez. (Para las necesidades alimenticias de los pájaros durante la muda, véase el capítulo sobre la alimentación.)

Calcificación

Los pájaros de muchas especies, al envejecer sufren procesos de calcificación que les debilitan los pies y las patas, y son causados por los depósitos que forman el exceso de sales de calcio entre las escamas. La piel de las patas y de los pies se vuelve extremadamente seca y escamada, y el pájaro puede sufrir irritación y dificultad para caminar. Este estado a menudo aparece como consecuencia de ataques de ácaros o de otros parásitos chupadores de sangre, y debe tratarse de la forma habitual. Hay que lavar las patas y los pies del pájaro infectado con agua templada a la que se le habrá añadido un poco de jabón. A continuación, secarlas con un poco de trementina y frotarlas finalmente con un poco de vaselina o aceite para niños. El aceite debería aplicarse durante varios días hasta que las escamas se limpien y se vuelvan flexibles. Hay también algunas pomadas excelentes en el mercado. Las bolas de algodón son ideales para la aplicación del aceite. Durante el tratamiento, es mejor aislar al pájaro en una pequeña jaula con el suelo cubierto con un papel en lugar de arena, ya que ésta podría adherirse a la pomada aplicada en los pies al posarse el pájaro en el suelo.

Crecimiento excesivo de las uñas

Conocido comúnmente como «uñas en hoz», este problema aparece si las uñas del pájaro no tienen un limado suficiente. Si las perchas son demasiado finas, por ejemplo, las uñas, que siempre están creciendo, dejarán de tocar la superficie y, si no se cortan a tiempo, pueden incluso crecer mucho y formar una larga espiral. Para prevenir su crecimiento excesivo hay que proporcionar perchas de diversos grosores, para que las uñas y los dedos estén continuamente en contacto con alguna superficie cuando el pájaro se

PREVENCIÓN Y CURA DE LAS ENFERMEDADES

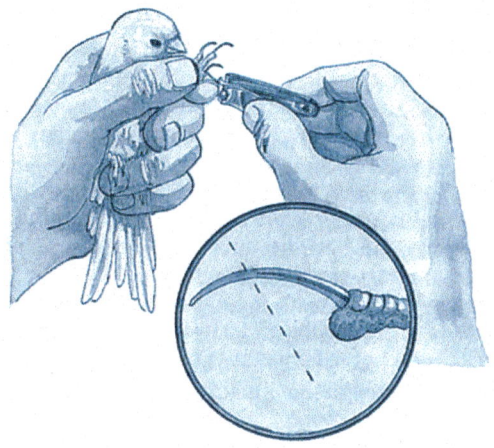

El procedimiento de cortar las uñas que han crecido demasiado es muy sencillo. Sin embargo, hay que tener mucho cuidado en no cortar la parte de la uña que está regada por un vaso sanguíneo. Si comenzara a sangrar, aplíquese de inmediato alguna sustancia hemostática

mueve de un lugar a otro. Las uñas muy largas conllevan un grave peligro para el animal, porque pueden quedarse enganchadas en la tela metálica y hacer que el pájaro, al esforzarse por escapar, se rompa algún miembro. Después de disponer en la jaula una amplia variedad de perchas, corte las uñas excesivamente largas a una longitud adecuada usando unas tijeras afiladas o un cortaúñas.

Para esta operación, tome al pájaro en la palma de la mano izquierda (si es diestro) y sujételo con tres dedos, mientras utiliza el pulgar y el índice para manipular un dedo cada vez. Sostenga el dedo al trasluz para que la luz pase a través de la uña, y corte justo por encima del vaso sanguíneo. Si éste accidentalmente se corta, detenga la hemorragia con un preparado hemostático, aunque si es cuidadoso, no será necesario. El borde cortado se puede limar suavemente con una lima de uñas para conseguir una nueva punta.

Dificultad para poner huevos

Es un proceso muy conocido en los pájaros que permanecen en cautividad, y que puede ser provocado por uno o más factores. Afortunadamente, si los pájaros se mantienen en condiciones óptimas, esta dificultad para poner huevos será casi totalmente evitada.

Este problema se basa en que la hembra grávida es incapaz de poner huevos totalmente desarrollados, debido a la estrechez del oviducto. La hembra tiene un aspecto enfermo y sufre un gran dolor, y se sienta encorvada en una esquina. Si se le aprieta suavemente el bajo abdomen, se localizará el problema. Normalmente un huevo tarda unas 24 horas en descender del ovario a la cloaca y de allí al exterior del cuerpo, pero cuando surge esta dificultad significa que los músculos responsables de empujar al huevo se contraen y no pueden moverse. Entre los posibles motivos hay que mencionar el estrés, el frío, la sobrealimentación, un pobre tono muscular (especialmente en los ejemplares viejos o mal nutridos), y deficiencia de calcio y fósforo, o de ciertas vitaminas.

Otro tipo de dificultad en la puesta de huevos sucede cuando la cáscara de huevo no se ha desarrollado sufucientemente, problema que es causado por una deficiencia de calcio o una disfunción del mecanismo que deposita el calcio en la cáscara. El huevo de cáscara fina no se desliza fácilmente a través del oviducto y es fácil que se atasque. La prevención, por supuesto, consiste en asegurarse de que nuestros pájaros consumen una dieta equilibrada.

Para reducir aún más las probabilidades de que surja este problema, no alimente a las hembras demasiado pronto en la época de cría (se considera demasiado pronto a finales de marzo o a comienzos de abril) y no emplee para la cría a pájaros demasiado jóvenes o demasiado viejos, ya que son los candidatos ideales para sufrir este problema.

Si actúa con rapidez, la dificultad para la puesta generalmente se puede curar. Mediante un gotero, introduzca unas pocas gotas de aceite mineral en la zona anal antes de instalar al pájaro en una jaula enfermería caliente. La combinación de calor con la lubricación de la cloaca debería permitir al pájaro dejar salir el huevo. El veterinario puede solucionar con más rapidez el problema al administrar calcio y otras medicinas que estimulan las contracciones del oviducto, y es mejor rechazar el huevo puesto después del tratamiento.

Enfermedad del sudor (colibacilosis)

La colibacilosis está causada por el bacilo *Escherichia coli* (véase también el apartado «Infección por 'Escherichia coli'»). Los jóvenes polluelos que contraen el bacilo a través de la comida infectada enferman gravemente ya que los organismos se multiplican de forma espectacular. La falta de higiene en las jaulas, la humedad y la superpoblación pueden potenciar esta enfermedad.

Las infecciones por *E. colli* van asociadas a graves problemas de enteritis. Habitualmente las deposiciones de los jóvenes están contenidas dentro de membranas, de tal forma que los padres las pueden arrojar fácilmente del nido. Pero, por desgracia, las deposiciones de los pájaros infectados son acuosas y pronto contaminan el nido, causando la enfermedad del sudor. Con el calor del nido las bacterias se multipliquen aún más, entran en los jóvenes desplumados a través del ombligo, a veces a través de la piel, y provocan quistes en el lugar donde se instala la infección, especialmente en el oído y en la región de la garganta. El pájaro enfermo rehúsa alimentarse, se debilita rápidamente y muere pronto, frecuentemente al cuarto día después de haber contraído la infección.

La colibacilosis es fácil de detectar por medio de pruebas bacteriológicas y, como esta infección puede ser fatal, el diagnóstico y el tratamiento tienen que ser inmediatos.

El nombre de «enfermedad del sudor» proviene del hecho que la parte inferior del cuerpo de la hembra enferma está húmedo, pegajoso y bastante sucio; los jóvenes se encuentran en situaciones similares. Pero los pájaros no transpiran, ya que no tienen glándulas sudoríparas; esta humedad

El canario ágata pertenece a los canarios ágata o pigmentados

y pegajosidad están causadas por las sucias deposiciones que provoca la enfermedad.

Hay que prevenir la infección por *E. coli*. Pero si se infectan, los pájaros jóvenes deberían ser frotados con una esponja para limpiarles la materia fecal y enjuagarlos en un entorno caliente. La diarrea debe cortarse tan pronto como sea posible para evitar la pérdida de líquidos. Es necesario instalar a toda la familia de pájaros en una jaula de cría limpia y desinfectada. La jaula antigua y todos sus accesorios deben limpiarse y desinfectarse a conciencia y es preferible quemar todo el material sucio del nido.

El traslado de los pájaros puede causar que los padres pierdan interés por los jóvenes, pero si tenemos suerte, continuarán cuidando de ellos. El riesgo que se corre merece la pena si la enfermedad se puede curar. Esta enfermedad se trata con antibióticos orales (tetraciclina o neomicina administradas en la comida de cría, por ejemplo). Su veterinario le aconsejará sobre el tratamiento correcto.

Eutanasia

El solo pensamiento de tener que sacrificar a un pájaro nos produce dolor, pero, por desgracia, hay ocasiones en que es absolutamente necesario. En casos de heridas o enfermedades incurables, por ejemplo, es a veces más misericordioso liberar a un animal de su dolor o agonía que prolongar lo inevitable. Por supuesto, hay varias formas de sacrificar a un animal de forma humana y responsable. Su veterinario seleccionará un método que sea rápido e indoloro.

Estreñimiento y diarrea

El estreñimiento es, afortunadamente, bastante raro en los canarios, pero puede llegar a ser muy molesto para el pájaro cuando aparece. El pájaro enfermo moverá sin descanso su cola hacia arriba y hacia abajo en un intento de realizar un movimiento intestinal. Entre las causas del estreñimiento hay que mencionar demasiada comida a base de huevo, mala dieta o, particularmente, un exceso de semillas de amapola. Un trozo de manzana madura ayudará a ablandar las heces, y preferiblemente se debería aislar al pájaro enfermo en una pequeña jaula hasta que se cure (no es preciso usar una jaula enfermería para los pájaros estreñidos). Al pájaro debería administrársele un poco de aceite de hígado de bacalao mezclado con sus semillas habituales con objeto de ayudarle a lubricar sus heces. Unas pocas hojas de achicoria también podrían ayudar, así como sal de Glauber, que se disuelve en el agua de beber.

La diarrea suele ser un trastorno más grave que el estreñimiento y puede tener diversos orígenes tales como una mala alimentación, ingerir demasiada verdura, obesidad, infecciones respiratorias o intestinales, calor excesivo o un exceso de proteínas en la dieta.

Un pájaro que sufre de diarrea, con frecuencia se muestra apático y encorvado, y ahueca las plumas. En casos graves, el pájaro permanece sentado en una esquina sobre el suelo, con la cabeza escondida bajo el ala, habiendo perdido evidentemente todo interés por la vida. Es preciso darle de beber con frecuencia, ya que la diarrea provoca deshidratación, pero quizá el pájaro no desee comer mucho, si es que come. Los excrementos serán muy acuosos y sueltos y a veces de un color inusual, dependiendo de la causa.

Siempre es mejor comentar estos casos con un veterinario, pero hay dos o tres remedios caseros que puede probar. En primer lugar, traslade al pájaro enfermo a la jaula enfermería y mantenga una temperatura constante

Tanto los escoceses como los ingleses afirman haber sido los primeros en desarrollar el canario Border. Ésta es la más antigua de las variedades criadas por su forma

de 32 °C. Una infusión de manzanilla puede producirle alivio, mientras que el arroz hervido, copos de avena o semillas de mijo le ayudarán a endurecer las heces. También puede adquirir un preparado comercial en tabletas para combatir la diarrea. Disuelva una tableta, siempre ateniéndose a la dosis que le recomiende el veterinario, en una cucharada de agua e introduzca unas pocas gotas en el pico del pájaro enfermo por medio de una jeringuilla o gotero.

Entre las causas de la diarrea hay que incluir unas malas condiciones ambientales, como la escasa ventilación, las corrientes de aire frío o los cambios repentinos de temperatura. En las pajareras exteriores, el agua de beber excesivamente fría puede ser un problema durante el invierno y, en cualquier caso, habría que asegurarse de que el agua no se congele. Los venenos también pueden ser una causa de la diarrea y es preciso tomar toda clase de precauciones para comprobar que nuestros pájaros y su comida no están expuestos a insecticidas peligrosos, fungicidas, herbicidas, etc. Si sospecha que uno o más pájaros se ha envenenado, debería trasladarlo a una jaula caliente, darle verdura fresca, y añadir un poco de bicarbonato de soda en el agua de beber, aproximadamente un gramo por vaso lleno de agua. La leche fresca, o cualquier purgativo, también se pueden emplear pero hay que tener mucho cuidado para no provocar una sobredosis. El bicarbonato de soda nunca debería administrarse durante más de dos días consecutivos.

Fracturas

Las fracturas más graves, generalmente mortales, son las de cuello y las de columna vertebral, y pueden ocurrir cuando un pájaro que sufre un ataque de pánico vuela a toda velocidad hacia una superficie sólida, como puede ser cristal, tela metálica o madera. Para evitar estas conductas, mantenga a los pájaros en un entorno tranquilo y asegúrese de que nada sucede que les pueda provocar un choque repentino. Los niños y los animales domésticos con frecuencia son los culpables y deberían ser enseñados a acercarse a los pájaros de una forma tranquila y sensible, sin gritos excesivos, llantos ni gemidos. La gimnasia también debería practicarse fuera de la vista de los pájaros. De hecho, no es aconsejable permitir que los niños se aproximen a los pájaros sin la supervisión de un adulto.

Las fracturas de las alas se pueden curar si se tratan de la forma adecuada, pero el pájaro ya nunca podrá volver a volar bien. Este problema se reconoce fácilmente cuando el pájaro está sentado con aspecto lastimero en alguna esquina, incapaz de volar y con el ala rota colgando. Esta herida puede ocurrir durante la captura de los pájaros, si no se tiene un cuidado especial.

Cuando localice el sitio de la fractura, oprimiendo suavemente el ala, aplique un poco de antiséptico suave. Existen muchos productos comerciales que tienen la ventaja de activar ciertas glándulas con lo que se logra acelerar el proceso de curación. Si la piel no está rota, pruebe a unir los dos huesos y manténgalos en esa posición con la ayuda de un esparadrapo. Al cabo de unos quince días, el ala debería haberse curado. Entoces quite el esparadrapo cortándolo con mucho cuidado con unas tijeras afiladas. Mientras se cura, mantenga aislado al pájaro en una jaula limpia y confortable en la que no haya perchas, y con los recipientes de comida y bebida a su alcance sobre el suelo de la jaula. Procure que el pájaro esté lo más tranquilo posible, pues el descanso es una gran ayuda para la curación. En

El canario moñudo alemán es como el canario de color excepto por su moño

estos casos se recomienda dar un suplemento de vitamina D, calcio y aceite de hígado de bacalao. La fruta, el pan blanco duro mojado en leche y el amasijo de huevo son alimentos muy convenientes para ayudar en el proceso de curación.

Las alas rotas y caídas se pueden vendar mejor con una gasa. Corte una tira de gasa, y luego introduzca el ala rota a través del trozo de gasa, a modo de cabestrillo. Envuelva la gasa alrededor del cuerpo y sujétela a una pata para evitar que se salga. Asegúrese de que el vendaje está apretado, pero sin comprimir. Reparar un ala rota es un cometido difícil, y es mejor confiarlo a un veterinario experto. Con toda probabilidad el tratamiento que acabo de sugerir mantendrá el ala en su posición adecuada, pero el pájaro ya no será capaz de volar satisfactoriamente después.

En las fracturas complicadas, en que la piel se ha desgarrado y el hueso con frecuencia se muestra al aire, el tratamiento es muy difícil. En estos casos probablemente lo mejor es sacrificar al pájaro porque, aunque la herida se llegue a curar, el ala con toda probabilidad estará mal colocada y el pájaro será incapaz de volar.

Las fracturas de las patas también pueden producirse cuando se intenta agarrar al pájaro; también a veces, si las uñas del pájaro son demasiado largas, puede quedar aprisionado en la red metálica de la jaula o de la pajarera y en su esfuerzo por escapar, puede romperse la pata. En primer lugar desinfecte el área de la fractura, luego envuélvala con un vendaje apretado o fabrique un entablillado usando el plástico aislante de un pequeño trozo de cable eléctrico. Enderece la pata estirando con cuidado un trozo de hilo atado al pie. Si la parte inferior de la pata está fracturada, es mejor usar un trozo de aislante de cable eléctrico o un entablillado fabricado con un cañón de pluma de un centímetro de largo, colocado bien apretado a la fractura. El entablillado se ajusta con un trozo de escayola o se envuelve con algodón o hebras de lana. Asegúrese de que la venda no esté tan apretada que pueda perjudicar la circulación de la sangre. Una fractura de muslo se trata de igual forma.

El pájaro herido debería mantenerse aislado en una jaula con una capa de material suave sobre el suelo, una fina capa de arena, por ejemplo. Se deben eliminar las perchas, y hay que situar la comida y el agua en lugares totalmente accesibles al pájaro. Ofrézcale suplementos alimenticios, como los descritos anteriormente. En estas condiciones, la pierna debería curar en tres o cuatro semanas. Si la pierna muestra un aspecto azulado, y luego negro, significa que se ha gangrenado, quizá debido a un vendaje demasiado apretado o a una unión imperfecta, y será necesario amputársela. En cambio, si todo ha evolucionado satisfactoriamente, el entablillado se puede quitar al cabo de unas cuatro semanas.

Las fracturas espontáneas, es decir, las que se producen sin ninguna causa aparente, son debidas por lo general a la falta de minerales y no deberían ocurrir si los pájaros están recibiendo una dieta equilibrada que contenga vitamina D, hueso de jibia, calcio y comida fresca.

Gota

La gota está causada por la acumulación de ácido úrico en diversas partes del cuerpo. No debería originarse si las perchas de la pajarera y los refugios para dormir se encontrasen en óptimas condiciones. Si el alojamiento es adecuado, los pájaros dispondrán de mucho espacio para volar y harán el suficiente ejercicio para mantener sus músculos tonificados y su circulación y respiración estimuladas. Esto, junto con una dieta equilibrada, debería ser suficiente para prevenir la gota. Si aparece esta enfermedad, un tratamiento a base de calor (entre 27 y 30 °C) y una alimentación sólo a base de semillas, con un poco de carbón vegetal triturado, disuelto en agua de arroz le ayudará a aliviarlo.

También puede ayudar a la recuperación un suplemento adicional de vitamina A y amasijo de huevo.

Infección de la glandula uropigial

La glándula uropigial, también llamada glándula del aceite, es la única glándula que poseen los pájaros en la piel. Está situada en la rabadilla y secreta un lubrificante aceitoso para las plumas, que el pájaro emplea para acondicionar y ayudar a impermeabilizar sus plumas. Con el pico toma un poco de ese aceite secretado y lo extiende por todo el plumaje en una acción conocida como emperejilamiento.

La glándula uropigial de vez en cuando se puede infectar, y en estos casos se observa una hinchazón en el área circundante. Con un evidente dolor, el pájaro se picoteará y rascará en el lugar que le molesta e incluso puede arrancarse algunas de las plumas que rodean la zona de la rabadilla. Al cabo de cierto tiempo, el abceso revienta, dejando señales de sangre en las perchas. El canaricultor que está alerta no permite que esta enfermedad llegue hasta tal punto.

La infección crónica suele aparecer por una sobreproducción de secreción sebácea, y la situación se puede aliviar en cierto modo si se aprieta suavemente la glándula a intervalos regulares. Si esto no ayuda al pájaro, hay que acudir al veterinario para que le opere. Una incisión practicada con un escalpelo en el lugar adecuado liberará la pus; la infección puede ser absorbida con una jeringuilla y tratada posteriormente con antibióticos. A veces, este problema aparece como consecuencia de un tumor benigno en la glándula uropigial. También el veterinario lo puede eliminar, por lo general sin complicaciones.

Infección por «Escherichia coli»

El bacilo gramnegativo llamado *Escherichia coli* que se encuentra en el agua indica contaminación fecal. Conocido habitualmente como *E. coli*, el bacilo también puede causar graves molestias intestinales, que tienen como resultado una diarrea infecciosa, y si el microorganismo causante de la enfermedad se extiende a algunos de los órganos internos, el pájaro puede llegar a morir. Los polluelos son particularmente sensibles a una infección de *E. coli*, transmitida por sus padres que han estado en contacto con las heces infectadas de otros pájaros, o de pájaros silvestres, gatos, ratones y otros roedores, etc. La enfermedad incluso la pueden transmitir las moscas domésticas.

La buena higiene colaborará a asegurar que nuestros pájaros no se contaminan. Lave sus manos antes de manipular a los pájaros, preparar comida, inspeccionar los nidos, o realizar otras actividades con sus pájaros. Prevenga la contaminación fecal, evite la comida, el agua y las perchas sucias, los roedores, insectos, etc. Lave y desinfecte todo regularmente.

Para tratar un pájaro infectado con *E. coli*, adminístrele de una a dos gotas de caopectato o peptobismol cada cuatro horas con un gotero para medicinas. Con ello suavizará y protegerá el aparato digestivo inflamado. Si no tiene lugar una rápida mejoría, mi consejo es que acuda a un veterinario especializado en pájaros que le recetará un tratamiento de antibióticos, por lo general eficaz.

Infecciones oculares

Los canarios pueden verse afectados por varias infecciones oculares, la mayoría de las cuales se pueden evitar si los pájaros se mantienen en perfectas condiciones. Muchas infecciones oculares son producto de complicaciones de otras enfermedades, como las diversas infecciones respiratorias. Una deficiencia en vitamina A o incluso una exposición a los aerosoles también pueden causar problemas en los ojos. El pájaro generalmente cerrará el ojo infectado, que tendrá un aspecto lloroso y los bordes estarán inflamados (blefaritis).

Las infecciones bacterianas pueden comenzar como resultado de condiciones poco higiénicas. Al limpiarse el pico sobre una percha contaminada

PREVENCIÓN Y CURA DE LAS ENFERMEDADES

Del Lizard destaca su marcado dibujo en la espalda

fecalmente, por ejemplo, es fácil que las bacterias accedan al ojo del pájaro. Los pájaros recientemente importados que han viajado en condiciones de hacinamiento son una importante fuente de infecciones oculares, que se pueden transmitir rápidamente de un pájaro a otro.

Un pájaro con los ojos infectados debería ser aislado en una jaula enfermería o, en todo caso, en un entorno cálido. Lave sus ojos con una solución de ácido bórico al 5 por ciento, o aplique una pomada oftálmica antibiótica dos veces al día (el veterinario le recomendará cuál debe usar). Con este tratamiento el pájaro se recuperará en unos pocos días.

Infecciones respiratorias

Existe una serie de infecciones del aparato respiratorio, siendo la más común el resfriado, que causan inflamación de la nariz y de la garganta. Con frecuencia estas infecciones aparecen en los pájaros que viven en condiciones de frío, humedad o superpoblación, y con una escasa ventilación.

Los organismos responsables de las infecciones respiratorias por lo general están presentes en el aire en diversas cantidades. Los pájaros sanos suelen resistir las invasiones de estos organismos patógenos, pero las condiciones insanas en que viven provocan tensión y la resultante reducción de su resistencia a la enfermedad. En los casos graves, un simple resfriado puede evolucionar hacia una neumonía fatal si no se toma ninguna medida adecuada.

Tan pronto como aparecen los síntomas de resfriado en un pájaro, éste debe ser aislado en un lugar caliente, preferiblemente en una jaula enfermería. Limpie cualquier emisión nasal con un algodón o tejido similar. Use un vaporizador para rociar un vapor fino y cálido de agua en la jaula, que servirá para suavizar y humedecer el aparato respiratorio inflamado. En los casos más difíciles, consulte con un veterinario especializado en pájaros. Y tenga siempre presente que la aspergilosis, la ornitosis y otras enfermedades graves, con frecuencia comienzan con los síntomas de un simple resfriado.

Muda

Todos los pájaros renuevan sus plumas en determinados períodos del año. Las plumas sufren muchos deterioros debido al tiempo y al viento, al emperejilamiento, al cortejo, apareamiento, anidamiento, cría, etc. Imagínese cómo sería si un trabajador humano cualquiera, llevase sus ropas día y noche durante todo un año; por supuesto tendría necesidad de quitárselas. Los canarios efectúan un completo cambio de sus plumas, o muda, una vez al año, inmediatamente después de la época de cría. Los jóvenes de ese año pierden algunas de las plumas de su cuerpo, pero no cambian las plumas de la cola y de las alas. El período de muda suele tener lugar desde la mitad del verano hasta la mitad del otoño, por tanto los pájaros entran en el invierno con un nuevo abrigo limpio.

La muda está relacionada con el ciclo reproductivo y suele tener lugar poco tiempo después del período más intenso de desgaste: la empolladura y la cría de los polluelos. Una muda no es una enfermedad sino un fenómeno natural; sin embargo, las mudas problemáticas pueden darse y de hecho se dan. Por otra parte, una muda normal y sin problemas depende también de la época, la temperatura, la humedad y la dieta. Suele ser más intensa después de una primavera cálida y al comienzo del verano que durante los meses fríos y húmedos.

A veces un pájaro está aparentemente tan deseoso de mudar sus plumas, que continuamente las ahueca y sacude, a veces incluso se arranca al-

PREVENCIÓN Y CURA DE LAS ENFERMEDADES

Este canario macho lipocrómico carece de pigmentación

gunas con el pico y experimenta un cierto alivio al hacerlo. Sin embargo, por lo general, la muda constituye un período de descanso para los pájaros y ellos mismos evitan cualquier actividad innecesaria. Durante la muda, la temperatura del pájaro es un poco más elevada de lo normal, pero si la muda es anómala, la temperatura puede incluso descender.

En este momento de cambio, los pájaros son más susceptibles a las fracturas debido a la reabsorción del calcio por los tejidos óseos. En consecuencia, es preciso suministrar a los pájaros una dieta rica en proteínas y un aporte adecuado de calcio durante la época de muda, con el objeto de proporcionarle combustible para las nuevas plumas, que están compuestas por un 88 por ciento de proteínas. Si el pájaro recibe una dieta pobre en proteínas, no sólo le crecerá un escaso número de plumas, sino que puede incluso tener que comérselas para complementar su dieta.

A veces el pájaro experimenta lo que se conoce como una muda anormal, es decir, pierde demasiadas plumas de una vez y tiene dificultades para reemplazarlas, o bien pierde sus plumas en una estación que no es la correcta. Estos casos suelen ser desencadenados por factores ambientales extremos, como temperaturas excesivamente elevadas o bajas, cambios repentinos de temperatura, enfermedades, choque (a veces se denomina muda por choque) o miedo, factores todos ellos que le causarán tensión y que alterarán el normal metabolismo del pájaro. Una disfunción de la glándula tiroidea, con frecuencia es causa de una muda anormal. El veterinario determinará si es necesario darle un suplemento alimenticio.

Las mudas por choque se pueden evitar aislando a sus pájaros en ambientes tranquilos y soleados, donde no estén sometidos a repentinos tumultos o visitas inoportunas como perros, gatos, búhos, comadrejas y otros animales similares. He visto a muchos pájaros que sufren una muda anómala después de ser trasladados a un lugar diferente para ser tratados de una enfermedad totalmente distinta. Sin embargo, durante este tipo de muda apenas se pierden las plumas de las alas; por lo general, sólo las pequeñas plumas del cuerpo y de la cola. A veces las plumas de la cola se mudan como resultado de haber sido agarradas por un predador, acabando este último con un puñado de plumas de la cola en la boca mientras el pájaro escapa tranquilamente.

Otra clase de muda se conoce como muda permanente. Suele estar causada por una reducción de proteínas en la dieta y, en estos casos, la muda normal también puede ser incompleta. El problema se puede corregir equilibrando la dieta y quizá mejorando las condiciones ambientales del pájaro. Cambie a una dieta rica en proteínas y, durante los meses más fríos, proporcione a sus pájaros una calefacción complementaria, en forma de lámparas incandescentes, por ejemplo. Se ha demostrado que el uso de la iluminación fluorescente de amplio espectro, como True-Lite o la Osram-Lumilux 11, tiene un efecto beneficioso sobre la salud y la vitalidad de los pájaros durante los breves y oscuros días de invierno. Esta clase de iluminación ofrece las ventajas biológicas de la luz del sol natural, ventaja de que otras luces artificiales no disponen. Esta luz influye favorablemente en el metabolismo del pájaro potenciando la producción de vitaminas en el cuerpo y fijando el calcio en los tejidos óseos.

Obesidad

La falta de ejercicio adecuado y una dieta demasiado rica en grasas e hidratos de carbono pueden conducir a la obesidad en los pájaros. El proceso de engordar es bastante lento, por

Este feo-ino plateado, una mutación reciente, procede de los Países Bajos

tanto los dueños de canarios deberían estar especialmente atentos a la evolución de sus pájaros. Los pájaros que reciben trozos de pastel, galletas y golosinas son más propensos a volverse obesos. Un pájaro obeso no será capaz de volar y apenas se podrá sujetar sobre sus pies. Por lo general, permanecerá sentado en el suelo de la jaula jadeando y esforzándose para moverse. Los depósitos de grasa descolorarán la piel, que adquirirá un tono amarillento, tono que se puede ver si se soplan las plumas.

Un pájaro obeso muere antes que un pájaro normal y no sirve para la cría. Si algún pájaro parece que estuviera ganando mucho peso, hay que tomar rápidamente una medida correctiva. Asegúrese de que el pájaro hace suficiente ejercicio. A un pájaro enjaulado debería permitírsele volar libremente por la habitación durante una hora más o menos cada día. También puede colgar algunas fibras de pita y semillas de mijo en las paredes de la jaula para animar al pájaro moverse más y ser más activo.

En lo que concierne a la dieta, ofrézcale verdura fresca y no incluya en la mezcla de semillas habitual ningún alimento demasiado rico en proteínas o grasas.

Ornitosis

Es una enfermedad que también se conoce como psitacosis ya que en un principio, se llegó a pensar que era exclusiva de los loros y de los periquitos. Sin embargo, afecta a muchas otras especies de pájaros, incluso de vez en cuando, a los canarios.

Es una enfermedad grave ocasionada por la *Chlamydia*, un organismo intracelular. Esta enfermedad aparece especialmente en los pájaros que viven y se alimentan en condiciones muy poco higiénicas, y se extiende rápidamente en las jaulas o pajareras superpobladas. Con frecuencia la traen pájaros de importación, especialmente aquellos que han sido pasados de contrabando.

La ornitosis puede presentar una variedad de síntomas y con frecuencia es difícil de diagnosticar, especialmente en sus primeras etapas. Generalmente comienza con un fuerte resfriado, y el pájaro jadea y resolla, todo ello acompañado de una nariz moqueante. La diarrea y el letargo son síntomas posteriores, y con frecuencia los calambres y deformidades aparecen poco tiempo antes de la muerte del pájaro.

Existe una forma leve de la enfermedad que se suele curar por completo. Sin embargo, el pájaro que aparentemente está curado puede seguir infectando como portador, a otros pájaros y seres humanos durante toda su vida. La enfermedad se clasifica de riesgo grave para la salud y hay que notificarla a las autoridades sanitarias en la mayoría de los países.

En los seres humanos, esta enfermedad fue una vez extremadamente peligrosa, pero la aparición de ciertos antibióticos, especialmente las tetraciclinas, han reducido el peligro en gran medida (siempre que se diagnostique y sea tratada a tiempo).

Parásitos externos

Los parásitos son criaturas que pueden vivir dentro (parásitos internos) o en el exterior (parásitos externos) de los cuerpos de otros animales para sobrevivir, generalmente en detrimento del anfitrión. En el presente caso, el anfitrión es el canario y los parásitos externos son invertebrados mordedores y chupadores de sangre que pueden infectar al pájaro si no se es lo suficientemente diligente.

Los parásitos externos más graves son probablemente diversas especies de ácaros, el más conocido de los cuales es el ácaro rojo de los pájaros, el *Dermanyssus gallinae* (piojo de las aves domésticas), que se pasa el día oculto en las grietas y rincones de la pajarera o de la jaula, pero que sale de noche, sube por el cuerpo de los pájaros, y les chupa la sangre a través de la piel. Un solo ácaro, que es más pequeño que la punta de un alfiler, por supuesto no chupa mucha sangre, pero miles de esos parásitos pueden llegar a ser extremadamente debilitantes para sus pájaros, a los cuales pueden convertir en animales anémicos (por la pérdida de sangre) y provocándoles mucha tensión por la irritación que causa su picadura. Los pájaros que están criando pueden ser constante y gravemente atormentados por esos ácaros. Otro problema es que los ácaros pueden transmitir enfermedades de un pájaro a otro, como en el caso de la toxoplasmosis. Esté siempre atento ante el comienzo de cualquier infestación de ácaros e inspeccione la jaula o la pajarera y todos sus accesorios. Los ácaros, si es que hay, se pueden descubrir en un trapo blanco que se deja toda la noche en una esquina de la jaula o de la pajarera. Estas diminutas criaturas rojas serán más fáciles de ver contra el fondo blanco; entonces sabrá qué acción conviene emprender.

Los piojos rojos de los pájaros pueden vivir sin sangre durante largos períodos de tiempo y, en esas ocasiones, son más difíciles de detectar debido a que son translúcidos, hasta que tengan la oportunidad de chupar sangre de nuevo. A una temperatura de 20 °C, los ácaros pueden reproducirse cada cinco días y son capaces de resistir fuertes heladas durante el invierno. Éstas y otras especies de ácaros se introducen en las pajareras en cualquier momento utilizando como medio a los pájaros salvajes, como palomas, estorninos o gorriones, que pueden sentarse sobre el techo de la pajarera para emperejilar sus plumas. O pueden ser introducidos por los pájaros nuevos, especialmente por aquellos que proceden de pajareras superpobladas.

Otra clase de ácaros, como el ácaro de las aves de corral del norte (*Ornithonyssus sylviarium*), también se alimenta del anfitrión pero es más difícil de erradicar que el ácaro rojo.

Otras especies de ácaros que pueden atacar a los canarios son especies relativamente inofensivas que no transmiten enfermedades, y que viven en la piel y en las plumas. La especie *Syringophilus bipectioratus* puede encontrarse en muchas especies de pájaros silvestres y domésticos así como en los canarios. Aunque sólo se alimentan de los restos de piel y de plumas, sus efectos irritantes pueden desencadenar que el pájaro se arranque las plumas. Una especie que produce afecciones más graves es el *Dermoglyphus elongatus*, que horada el folículo de las plumas; muchos de ellos pueden causar daños serios y destruir las plumas así como incomodar fuertemente al pájaro.

Aunque no suelen considerarse tan graves como los ácaros, los piojos también presentan serios problemas. Hay varias especies que se introducen en sus anfitriones de una forma similar a la de los ácaros. Existen en el mercado diversas marcas de insecticidas que están especialmente diseñadas para usarse en jaulas y pajareras, y sobre los mismos pájaros. Muchos de ellos emplean la piretrina como ingrediente activo. Este insecticida orgánico se fabrica a partir de la raíz del pelitre, un tipo de crisantemo, y es bastante inocuo para los pájaros si se utiliza siguiendo las instrucciones del fabricante. Destruye los piojos, los mosquitos, las moscas, y otros insectos parásitos así como ácaros y garrapatas. Está disponible en líquido y en polvo, siendo útil el primero para rociar superficies y utensilios, y el último para aplicarlo a los pájaros. Cuando se tratan pájaros individualmente, se aplica el polvo por todo el plumaje, prestando especial atención al área alrededor del cuello, a la zona anal y bajo las alas, teniendo cuidado de no introducirlo en los ojos ni en la boca.

Instale a los pájaros en una jaula separada hasta que la jaula o la pajarera se haya desinfectado concienzudamente y se haya secado. Es mejor repetir el tratamiento de desinfección al cabo de diez días, para poder eliminar a cualquier parásito que haya sido incubado, pues los huevos con frecuencia suelen ser resistentes al insecticida.

Pérdida de la voz

La pérdida de la voz o una ronquera general puede tener diversas causas. Una infección del aparato respiratorio, como el resfriado común, puede ocasionar una congestión de la laringe, y habrá que tratarla como corresponde a los resfriados. Algunos pájaros suelen excederse en su canto, lo que produce una ronquera debido a la inflamación del aparato vocal. En estos casos, hay que aislar al pájaro en una pequeña jaula, y cubrir ésta con una tela, asegurándose de que se encuentra en un lugar donde no puede escuchar a ningún otro pájaro canoro. Un poco de miel o glucosa añadido al agua de beber suavizará la inflamación. De vez en cuando puede aparecer algún caso de ronquera crónica, que es una enfermedad hereditaria. Desafortunadamente se puede hacer muy poco en estos casos.

Picoteo de los huevos

Aunque no es una enfermedad en sí misma, a no ser que pueda ser calificada de una enfermedad mental, el picoteo de los huevos es un grave defecto. Una falta de calcio puede ser la causa, pero es más probable que sea el aburrimiento el que provoque esta costumbre. Asegúrese de que sus pájaros ingieren su ración habitual de suplementos alimenticios que contienen calcio, y si persisten en el picoteo de los huevos, considere las sugerencias descritas en el apartado que trata del arrancado de las plumas.

Problemas de equilibrio

Los canarios de vez en cuando se desorientan debido a las temperaturas extremas. Por ejemplo, en los días muy calurosos o muy fríos algunos pájaros pueden experimentar problemas a la hora de coordinar sus movimientos, mantenerse en equilibrio, o incluso volar en línea recta. Los cambios en la presión de la sangre debido a los cambios de temperatura pueden ocasionar tales problemas. En la mayoría de los casos, los síntomas desaparecen cuando el cuerpo del pájaro se adapta a la nueva temperatura.

Una enfermedad más grave es la infección del oído medio, en donde se

Canario macho de factor rojo con un color excelente

encuentra el órgano del equilibrio. Un pájaro enfermo del oído mantiene su cabeza apoyada en un lado y tiene dificultades para conservar el equilibrio sobre la percha, así como incapacidad para volar derecho. Este pájaro requiere una inmediata hospitalización y un tratamiento de antibióticos prescrito por un veterinario.

Salmonelosis

Existen cientos de especies de bacterias diferentes en el género *Salmonella*, muchas de las cuales pueden causar graves envenenamientos alimentarios en los seres humanos. En los canarios y otros animales, la bacteria salmonela es la responsable de diarreas, dolor en las articulaciones y trastornos nerviosos. La enfermedad se transmite por las heces y la saliva de los pájaros infectados, por ingestión accidental o intencional de heces o introducción directa durante la alimentación a los jóvenes a través de la saliva de los padres infectados.

La enfermedad se muestra en cuatro formas diferentes, que pueden darse en cualquier combinación de las siguientes:

• *En el intestino:* La bacteria coloniza en las paredes intestinales dificultando la digestión, causa diarreas malolientes, acuosas, verdes o marronáceas, que contienen partículas de alimento no digerido. (Un color verde en las deposiciones también puede indicar una infección de la bilis; consulte a su veterinario inmediatamente.)

• *En las articulaciones:* Una vez establecida en los intestinos, la enfermedad pasará al flujo sanguíneo y afectará a otras partes del cuerpo. En las articulaciones óseas se localiza un dolor intenso y una hinchazón, y el pájaro infectado tiene dificultades para moverse.

• *En los órganos internos:* Una vez en el flujo sanguíneo, los organismos pueden atacar a todos los órganos internos como el hígado, los riñones, el páncreas, el corazón y diversas glándulas causando graves disfunciones del metabolismo y finalmente, la muerte.

• *En el sistema nervioso:* La salmonela afecta a la médula espinal y al sistema nervioso, causando debilidad, pérdida de equilibrio y parálisis. Los síntomas típicos incluyen un giro extraño del cuello, suciedad de la región anal y contracciones similares a los calambres de los pies.

Los pájaros jóvenes que se infectan en el nido, por lo general mueren. Los más viejos pueden incubar la enfermedad durante largos períodos y volverse inmunes a ella, pero continúan siendo portadores capaces de transmitirla a otros pájaros a través de sus deposiciones o de la saliva. Las hembras pueden transmitir la infección a través de los ovarios. Los brotes de salmonelosis deberían ser tratados por un veterinario.

Sobreingesta

Los pájaros tienden a comer en exceso si se les ofrece demasiada cantidad de ciertos alimentos. El alpiste es uno de los culpables; los alimentos dulces es otro. El hábito de la sobreingesta con frecuencia se desarrolla en el nido, cuando a los polluelos se les da demasiada comida de cría. Los alimentos dulces y el alpiste carecen de algunos nutrientes. A los pájaros sólo se les debería ofrecer buenas marcas de comidas de cría y los alimentos de que hemos hablado en el capítulo sobre alimentación. Las pajareras sucias y las deficiencias vitamínicas son otra causa de la sobreingesta, que puede llegar a tener como resultado un estado de salud debilitante.

Un pájaro que sufra de un problema de sobrealimentación no tendrá un buen aspecto, y estará sentando junto al plato de la comida la mayor parte del tiempo, con sus alas caídas. Incluso puede parecer delgado e infraalimentado ya que con toda probabilidad estará comiendo los alimentos equivocados. Las heces de un pájaro afectado son generalmente de un color negro-grisáceo, y el animal puede morir de una infección secundaria.

Lo primero que hay que hacer es ajustar la dieta a las necesidades. La comida dulce debe estar prohibida y no se le puede dar ni alimentos comerciales ni amasijo de huevo casero, durante al menos veinte días. Se le pondrá a diario pan blanco duro mojado en agua y se le puede añadir al agua de beber un poco de potasa.

Viruela

Existen diversas enfermedades víricas que pueden padecer las diversas especies de pájaros, causadas todas ellas por ciertas cepas de virus. Un virus es un organismo tan diminuto que no puede verse con un microscopio normal, y menos aún a simple vista. Para ver un virus se requiere un microscopio electrónico. Sin embargo, existen determinados medios que utilizan los médicos para detectar o confirmar infecciones sin tener que comprobar su presencia. El virus que provoca la viruela en los canarios es muy difícil de destruir y además, estos pájaros son bastante susceptibles a los ataques víricos.

Los síntomas visibles son las típicas pústulas en la piel, amarillentas o rojizas, que en los canarios son aproximadamente de 1 a 3 mm de diámetro. El primer lugar de aparición es generalmente en los párpados, luego en las patas y en los pies, y finalmente en toda la piel. En algunos casos, el canario se siente mejor después de estar bastante decaído durante unos días (al igual que en el caso de la varicela humana) pero con bastante frecuencia la infección se extiende a la boca y a los órganos respiratorios, generalmente con resultados mortales.

Le recomiendo que cuando aparezca una enfermedad vírica en el canario acuda a un veterinario especializado en aves. Los mayores ataques víricos se pueden detectar en los polluelos de cuatro a siete meses de edad y la tasa de mortalidad es tan elevada que puede llegar a un 100 por ciento. De nuevo, prevenir es mejor que curar (en realidad no existe ninguna forma de curación), y lo mejor es la higiene para prevenir la transmisión de la enfermedad. El pájaro infectado puede transmitir el virus a otros pájaros a través de la saliva, moco nasal, lágrimas y partículas de piel, especialmente mediante las pústulas que se desprenden de la piel.

Se sospecha que algunos insectos, especialmente los mosquitos, pueden transmitir el virus. Los pájaros silvestres como los gorriones y los pinzones (que también son susceptibles de albergar cepas víricas que pueden infectar al canario) también pueden transmitir la enfermedad a los pájaros de jaula. Incluso puede ser usted el culpable si camina por una pajarera infectada y traslada partículas contaminadas en sus zapatos a la siguiente pajarera que pisa.

Ya es posible vacunar a los pájaros contra la enfermedad, y el veterinario deberá ser el encargado de realizar la vacunación. Se recomienda que todos los criadores de canarios que posean una nidada valiosa inmunicen a todos sus pájaros. La vacuna se inyecta bajo la piel de las alas y contiene una cepa debilitada del virus, que se multiplicará en el pájaro. Aunque no es lo suficiente fuerte para que enferme, bastará para incitar al sistema inmunológico del pájaro a producir anticuerpos que matarán los virus y protegerán al pájaro contra la enfermedad durante el resto de su vida.

En caso de brote, hay que tomar las siguientes medidas:

- Alejar a los pájaros de la jaula infectada y vacunarlos por el veterinario. Hay que administrarles 250 mg de tetraciclina y 5.000 unidades de vitamina A. Con bastante probabilidad, este tratamiento evitará la infección y salvará a los pájaros de una muerte cierta.
- En las ampollas eruptivas de los pájaros infectados se les aplica mercurocromo al 1-3 por ciento en alcohol de 70 grados.
- Tomar medidas de higiene es imprescindible para tratar la infección. Por ello es preciso instalar un baño de pies a la entrada de la pajarera. Sáquese los zapatos, cálcese unas botas de goma, e introdúzcase en el agua a

Canario apricot, denominado con frecuencia rojo no intensivo jaspeado o rojo nevado

la que habrá añadido un desinfectante, cada vez que entre o abandone la pajarera o habitación de los pájaros. Si es posible, lleve una gabardina y un sombrero cuando esté dentro de la pajarera y quíteselos cuando se vaya, dejándolos en el porche de la entrada para usarlos la siguiente vez.

- Todas las partes de la pajarera o de la habitación de pájaros infectados, además de todos los accesorios, deben ser desinfectados concienzudamente. Emplee cada vez una solución nueva para que no se reduzca el poder desinfectante. Después de desinfectar la zona, aclare abundantemente todas las superficies con agua fresca y deje que se sequen completamente antes de introducir de nuevo a los pájaros sanos, ya vacunados por el veterinario.

En 1990 aparecieron en el mercado dos nuevas vacunas: la vacuna Pacheco y una nueva vacuna para la viruela de los canarios. Esta última vacuna se presenta congelada en seco junto con un agente diluyente en el cual hay que disolver la vacuna antes de su uso. Charlene Beane, en *Bird talk* (septiembre 1990), escribe:

«Para vacunar a un pájaro, se introduce en la vacuna una aguja acanalada especial que luego se empleará para perforar suavemente la membrana del ala desde la parte inferior. Al deslizar la aguja se introduce la suficiente vacuna dentro del cuerpo del pájaro, de tal forma que comienza el proceso de inmunización. Los pájaros vacunados deberían vigilarse durante una semana para observar si han desarrollado una ampolla en el lugar de la vacunación. Si se encuentra una ampolla (inflamación, hinchazón o costra), el pájaro se está volviendo inmune; en caso contrario, el pájaro debe volver a ser vacunado. La inmunidad comienza a desarrollarse inmediatamente después de la vacunación, pero se requieren tres o cuatro semanas para conseguir el máximo de inmunidad. Para un mejor control, sólo deben vacunarse los pájaros sanos, y todos los pájaros que se encuentran en las mismas condiciones deberían vacunarse al mismo tiempo. Hay que vacunar a los polluelos después de haber emplumado. Dependiendo del riesgo, se recomiendan vacunas de recuerdo cada seis a doce meses y cuatro meses antes de la puesta o de la época de los mosquitos».

Para más información acerca de esta nueva vacuna para los canarios, consulte con su veterinario o contacte con Biomune Co., 8906 Rosehill Road, Lenexa, Kansas 66215 (913) 894-0230.

El botiquín del canaricultor

Aunque no se recomienda que el criador de canarios posea en su domicilio una auténtica farmacia, puede resultar útil disponer de algún equipo y medicamentos básicos en caso de emergencia.

Equipo

- Jaula enfermería: Están disponibles en varios modelos comerciales, o puede fabricarse una usted mismo.
- Fuente de calor: Las bombillas de tungsteno y las pequeñas lámparas infrarrojas son todas ellas muy útiles para producir calor radiante.
- Termómetro: Un termómetro ambiental fácil de leer es esencial para su uso en la jaula enfermería.
- Cubierta para la jaula: Si no dispone de jaula enfermería, tenga a mano varias toallas o pequeñas sábanas para cubrir las jaulas en caso de emergencia.
- Cinta adhesiva: Un rollo de dos centímetros ofrece diversos usos, incluyendo los entablillados.
- Gasas estériles.
- Algodón.
- Pinzas.
- Tijeras para recortar las uñas.
- Jeringuillas o cuentagotas de plástico.

Medicamentos

- **Maalox o Digel:** Se utiliza para los trastornos del buche. Elimina los gases y reduce la inflamación. Dosis: una o dos gotas cada cuatro horas.
- **Jarabe de karo:** Se usa para combatir la deshidratación y como potenciador de la energía. Añada cuatro gotas a un litro de agua. Administre una o dos gotas de la solución en el pico cada 20 o 30 minutos con la ayuda de un gotero.
- **Proteína Gevral:** Se administra en caso de pérdida de apetito. Se mezcla siempre con Mull Soy, que es también una buena fuente de vitaminas y minerales esenciales. Mézclese una parte de Gevral con tres partes de Mull Soy. Adminístrele al pájaro uno o dos mililitros, dos o tres veces al día. Pregunte a su veterinario si desea saber más detalles.
- **Kaopectate o Pepto-Bismol:** Se emplea para tratar la diarrea y la regurgitación. Suaviza y protege el aparato digestivo; ayuda a solidificar las heces. Administre una a dos gotas cada cuatro horas con un cuentagotas.
- **Leche de magnesia:** Alivia el estreñimiento, pero no es aconsejable para los pájaros que padezcan problemas renales o de corazón. Dosis: una a dos gotas en el pico con un cuentagotas de plástico o de cristal, dos veces al día durante dos días.
- **Aceite mineral:** Se utiliza para combatir el estreñimiento, los trastornos del buche, o los problemas con la puesta de huevos. Administre una gota en la boca cada día durante dos días. Tenga mucho cuidado de que el aceite no penetre en el sistema respiratorio porque puede causar neumonía y deficiencia vitamínica.
- **Solución Monsel o polvos hemostáticos:** Se emplea para detener las hemorragias, pero no lo aplique cerca del pico.
- **Solución yodada Lugol:** Se administra para tratar el agrandamiento de la tiroides (bocio). Media cucharadita de Lugol en 30 g de agua; administre una gota de esta solución por cada 30 g del agua de beber, diariamente, durante dos o tres semanas.
- **Turpentina y vaselina:** Se utilizan para pies o patas calcificadas. Apliquese la turpentina y después la vaselina a diario en el área afectada, durante cinco días.
- **Betadine, solución Domeboro, pomada A&D, Neosporin, Neopolycin, Mycitracin, Aquasol A:** Se usan para tratar las irritaciones de la piel. El Neosporin, Neopolycin y Mycitracin contienen antibiótico. Aquasol A es una crema que contiene vitamina A. Todas ellas se pueden aplicar dos veces al día en el área infectada.

CANARIOS DE FORMA

Desde que los primeros canarios silvestres comenzaron a vivir en cautividad en el siglo XVI, los nuevos alojamientos, la alimentación y la reproducción selectiva han influido en su evolución y han conducido a la creación y perpetuación de muchas mutaciones interesantes, sorprendentes y atractivas.

Durante el último siglo, los criadores belgas, holandeses y franceses han explotado casi todas las mutaciones que aparecieron con el objeto de conseguir alguna característica nueva. Los cambios estructurales en el plumaje o en el cuerpo despertaron en todo momento un particular interés y condujeron finalmente al reconocimiento y a la estandarización de la reproducción local de diversos canarios de forma. Los criadores ingleses se concentraron inicialmente en las variedades de color, pero pronto se interesaron en los cambios producidos en la forma, que se estaban volviendo evidentes. Las variedades incluían el canario Norwich, grande y robusto; el Gloster, más pequeño; el gran Lancashire con o sin moño, y el Scotch fancy, que con sus amplios hombros y su forma de media luna siempre atrae mucho la atención.

Otro grupo fascinante son los canarios rizados (*frilled*), con plumas muy rizadas y largas patas. A la decadencia del interés por los canarios de forma al final de la Segunda Guerra Mundial ha seguido un renacimiento reciente. La exposición anual parisina denominada La Nationale, organizada por la Societé Serinophile et Ornithologique y que se celebra en diciembre, es una especie de Meca para todos los criadores de canarios de forma. Todo el que esté interesado en estos pájaros debería intentar asistir al menos a una de estas exposiciones. En ellas se puede ver una gama absolutamente atrayente de todas las especies de pájaros que uno pueda imaginar, y nos hace preguntarnos cómo, en un período tan relativamente reciente de tiempo, esta diversidad tan asombrosa pudo haber surgido a partir de una única especie silvestre.

Alojamientos especiales

Los canarios de forma son, por lo general, más delicados y prudentes en sus movimientos que los canarios de color y de canto y no están adaptados para vivir en una gran pajarera, especialmente en una de exterior. El espeso plumaje que algunas variedades poseen les ayuda a protegerse contra las extremas condiciones atmosféricas, pero más pronto o más tarde sucumbirán a la humedad.

Si su espeso plumaje está mojado, tarda mucho tiempo en secarse, y durante este tiempo el pájaro probablemente se enfriará o contraerá alguna enfermedad más grave. Tampoco son adecuadas las pajareras grandes y de interior para los canarios de forma. A algunas de las variedades mayores les resulta difícil recorrer volando grandes distancias, e incluso algunas de las variedades más pequeñas tienen problemas en una pajarera grande.

Un pájaro como el Gloster, que es pequeño y robusto, es muy propenso a estirarse demasiado en una gran pajarera y acaba siendo demasiado largo y tosco. Estos pájaros obtienen su forma corporal idónea en un espacio limitado. Sin embargo, esto no significa que deban ser alojados en jaulas diminutas con apenas el suficiente espacio para moverse. Una jaula de un metro de largo ofrece el tamaño de compromiso ideal entre una decorativa jaula pequeña de interior y una gran pajarera. No aglomere en exceso las jaulas; cuantos más pájaros haya en la jaula, con más frecuencia habrá que limpiarla para evitar que se ensucien el plumaje. Además, el riesgo de transmisión de enfermedades es mayor en las situaciones de superpoblación, y entonces los pájaros son más propensos a convertirse en arrancadores de plumas.

El mejor alojamiento para los canarios de forma es la jaula de cría (véase el apartado dedicado a las jaulas, en el capítulo «El alojamiento de los canarios»); para los pájaros pequeños (Gloster, Lizard), es adecuada una jaula que mida 40-45 cm tanto de largo como de ancho, y 45-50 cm de alto. Para las variedades mayores (Yorkshire, Norwich), la jaula debería tener al menos 45-60 cm de largo, 40 cm de ancho y 50 cm de alto. Estas jaulas deberían construirse de tal forma que los paneles laterales sean amovibles, para que se puedan construir jaulas más grandes al colocar una al lado de la otra. Fuera de la época de cría, los pájaros dispondrán de espléndidas jaulas para volar, de hasta 3 metros de largo, al juntar cinco o seis jaulas. Esta jaula espaciosa debería poder alojar de 8 a 12 pájaros. Si algunos machos se comportan agresivamente hacia los otros durante la época de cría, es mejor alojarlos separadamente. Lo más aconsejable es que las variedades de forma se alojen cada una en una jaula cuando se aproxima la época de la exposición. Esto se aplica especialmente

Diversas jaulas para canarios. Arriba, para canarios de canto. Abajo, para canarios de forma (izquierda), y una jaula de exposición para canarios de color (derecha)

a las variedades Lizard y Rizado, ya que son más propensos a estropearse las plumas.

Los pájaros gozan de más tranquilidad cuando se alojan en un espacio reducido que cuando se albergan en una pajarera grande y espaciosa. En esta última, los pájaros echan a volar cada vez que el criador se aproxima, mientras que los pájaros que viven en jaulas pequeñas no pueden volar muy lejos y se acostumbran rápidamente al «jefe». Algunos canaricultores obligan a sus pájaros a permanecer en la parte frontal de la jaula poniéndoles perchas sólo en la parte delantera. Sin embargo, hay que limpiar y cambiar estas perchas frecuentemente, ya que se ensucian con mucha rapidez. Variedades tales como el Gibber italicus, el Bossu belga y el Rizado del sur suelen ensuciar rápidamente las perchas, debido a su postura erguida. En estos casos, es preciso cambiar las perchas al menos cada cuatro días, y las perchas sucias deberían limpiarse, desinfectarse, aclararse, secarse y frotarse con arena, preparadas para su reutilización. Nadie desea que sus pájaros tengan las patas sucias y las colas manchadas. Algunas variedades de canarios utilizan la cola para descansar contra la percha, como si fuera una especie de sostén que les ayuda a mantener a su extraña postura.

Otro importante aspecto concerniente a las perchas es que nunca hay que colocarlas demasiado bajas. La mejor posición es justo a la mitad de altura de la jaula. Coloque dos perchas de tal forma que los pájaros puedan saltar de una a la otra. Se recomienda que la distancia entre ellas sea la misma que se requiere en la jaula de exposición para esa variedad particular. Sitúe otras dos perchas a unos 60 cm de distancia de las anteriores para que los pájaros tengan que usar sus alas entre los dos puntos. En las jaulas para canarios Norwich y Yorkshire, se recomienda que se fijen perchas cortas de 11,5 cm como si fueran escaleras contra la pared posterior de la jaula. Para evitar las reyertas, asegúrese siempre de que hay suficientes lugares para dormir en las jaulas mayores, con el objeto de que cada pájaro pueda reservar su propio lugar.

Cría, cuidados y alimentación

Las pequeñas jaulas requieren una limpieza y mantenimiento regulares. Cada año hay que limpiarlas a conciencia, frotarlas con arena y pintarlas de nuevo; de esta forma es más fácil mantenerlas higiénicamente preparadas para la temporada siguiente.

La cubierta para el suelo puede consistir en gravilla, arena limpia o un lecho de agujas de pino. Las virutas de madera o serrín se usan con bastante frecuencia, especialmente en Inglaterra, en los Países Bajos y en Bélgica. A mí personalmente me gusta más usar un lecho de pino. Una gruesa capa de esta cubierta en la jaula de cría, especialmente debajo de los portanidos, sirve para amortiguar los golpes en caso de que un huevo o un polluelo se caiga del nido.

Muchos canarios de forma requieren ayuda para la construcción del nido, especialmente las variedades de rizados. El Rizado del sur, por ejemplo, suele rellenar el portanido con tantos tejidos que luego no es capaz de hacer una cavidad en él. Con esta variedad se corre gran riesgo de que los huevos rueden fuera del nido. Para evitar esta posibilidad, el canaricultor debe formar él mismo una cavidad conveniente en el nido.

Antes de hacer criar ejemplares de las variedades de plumas largas, recorte algunas de las plumas que rodean la zona anal. Los largos plumones del Norwich, del Gloster y del Crested, por ejemplo, pueden dificultar la fecundación. or lo tanto, es mejor recortar las plumas con un par de tijeras afiladas o con un utensilio similar. No tire de ellas, porque en primer lugar resulta doloroso para el pájaro y, en segundo lugar, porque le volverían a crecer de nuevo al cabo de unas pocas semanas. Además, tampoco hay que recortarlas demasiado,

Las variedades de canarios lipocrómicos con frecuencia se califican añadiéndoles el término dimórfico (también no-nevado y nevado) para indicar el tipo de plumas.
Canario dimórfico rojo mosaico

porque la hembra no podría aislar suficientemente los huevos en el nido. Además, los cañones de las plumas que crecen también pueden estar muy afilados durante el apareamiento y por tanto dificultar la fecundación. Hay que dejar intacto el anillo de plumas alrededor de la zona anal, recorte sólo el plumón.

No deberían surgir demasiados problemas en la cría de los canarios de forma, especialmente con las variedades más pequeñas. Los glosters, lizards, borders, fifes, fancys, etc., no son tan productivos como los canarios de color y de canto. Las variedades mayores son incluso menos productivas, especialmente la Norwich y la Yorkshire. Las variedades rizadas generalmente crían una cantidad normal de polluelos, pero los rizados más grandes son también menos productivos. La variedad rizada más pequeña, la del Gibber italicus, es una excepción, pues con frecuencia se reproduce con una intensidad casi letal, con consecuencias obvias. Pequeños nidos y reproducción difícil son problemas que se pueden considerar normales en esta variedad.

En general, se puede decir que cada variedad de canarios de forma tiene sus buenos y sus malos criadores. Es responsabilidad del criador formar una nidada de canarios que no sólo sean de excelente calidad, sino que también sean buenos criadores.

La alimentación de los canarios de forma no es muy diferente de las demás variedades. Aunque es habitual afirmar que los canarios de forma deben ser alimentados principalmente con alpiste y granos de avena, no hay que tomar esta afirmación demasiado en serio. Esto es lo que se cree en Inglaterra, pero no estoy tan convencido de que sea lo más saludable para los pájaros. El motivo que subyace tras la defensa de esta dieta particular probablemente sea de carácter económico, ya que son las semillas más baratas que se pueden conseguir en ese país. La comprobación de que una mezcla de alpiste y de granos de avena no ayuda a crecer a los pájaros es que esta misma dieta también se suministra a la variedad Gloster, cuyos pájaros deben ser mantenidos lo más pequeños posible.

La dieta idónea para las variedades de forma es la que está adaptada a las necesidades particulares de cada pájaro. Es necesario tener en cuenta las condiciones en las que vive el canario. La cantidad de espacio que dispone para volar y la temperatura ambiente son aspectos que es preciso considerar cuando vaya a preparar su mezcla de alimentos. Por ejemplo, en una pequeña habitación caliente, los pájaros requieren menos alimento energético que en una pajarera grande y fría.

La mayoría de los canarios de forma se alojan en jaulas relativamente pequeñas y se recomienda que se alimenten con una buena variedad de semillas. En la época de cría, la dieta debe ser rica en proteínas, para formar los cuerpos de los futuros polluelos. Otro período importante es la muda; los pájaros requieren una dieta equilibrada para reemplazar la cantidad de plumas que pierden, y que en general son largas. Sin embargo, hay que tener cuidado con la alimentación, pues algunas variedades, especialmente las inglesas Norwich, Border y Gloster pueden engordar con mucha facilidad. Por tanto, es necesario vigilar regularmente a los pájaros y si comienzan a engordar demasiado, hay que adaptar la dieta. En estos casos se les debe suministrar una dieta menos energética, especialmente en el período de descanso.

Menos energética no significa una dieta monótona; tiene que seguir comprobando que sus pájaros reciben todos los nutrientes y vitaminas necesarios. Además de las semillas duras, los canarios deben consumir amasijo de huevo, verduras, semillas con parte de cáscara y semillas germinadas. Pero hay que ser muy cuidadoso. Demasiada verdura, por ejemplo, puede ser peligrosa para el canario Norwich; este pájaro es muy propenso a sufrir trastornos digestivos si consume demasiados alimentos verdes o húmedos. Tampoco hay que ponerles repentinamente grandes cantidades de verdura o de fruta. Hay que dejar que los pájaros se acostumbren gradualmente a ella, y entonces se les puede ofrecer más. Algunos criadores de canarios de forma dan a sus pájaros un puñado de álsine cada día y obtienen muy buenos resultados, pero hay que acostumbrarlos a ese alimento desde que son muy jóvenes.

Los canarios de forma, además, deben recibir la cantidad adecuada de calcio. La arena para pájaros y un hueso de jibia siempre deberían estar a su alcance. La arenilla hecha de ostra triturada es especialmente valiosa en las jaulas en las que hay virutas de madera o serrín para cubrir el suelo, y debería ofrecerse en un plato separado. La mezcla de arena de ostra y de arena mineral es especialmente ade-

Canario dimórfico pigmentado

cuada porque proporcionará a los pájaros el calcio y las piedras necesarias para que la molleja ayude a triturar la comida.

El baño diario es imprescindible para conservar a los canarios de forma en un buen estado físico. Debería ofrecerse a diario agua fresca para el baño, si el tiempo exterior lo permite (en caso de que los pájaros estén instalados en alojamientos interiores y calientes, el tiempo exterior no importa). El agua fresca, especialmente el agua de lluvia, es la mejor para el pájaro, pues es muy suave para el plumaje. Es mejor ofrecer el agua para el baño por la mañana y conviene retirarla a mediodía para que las plumas más espesas se hayan secado antes de que los pájaros se retiren a dormir. No se recomienda el baño diario para los canarios rizados, especialmente si se aproxima la época de las exposiciones. El plumaje de los rizados es muy sensible a la humedad, especialmente las plumas de los costados, que son muy propensas a alisarse debido al peso ejercido por el agua. En lugar de bañar a estos canarios, se les puede rociar con una fina lluvia de agua tibia (un rociador para regar el jardín es perfecto para este cometido). Pero procure que el pájaro no se moje demasiado, ya que obtendrá el mismo resultado que si se hubiera bañado. Una rociada ligera todos los días es suficiente, pero emplee agua de lluvia, si es posible. Cuando ya se encuentren en sus jaulas de exposición, la única forma de bañar a los pájaros es mediante un aerosol o vaporizador.

Competiciones y entrenamiento

Los canarios de forma que se alojan en jaulas de cría, como se ha descrito antes, estarán mejor preparados para las competiciones y serán de natural mucho más tranquilo que los canarios acostumbrados a que haya movimiento cerca de ellos. Es más, la jaula de exposición se puede unir fácilmente a la jaula de cría, juntando las puertas abiertas, para que los pájaros se acostumbren a entrar en ella. Si se realiza este procedimiento con bastante antelación, los pájaros estarán más preparados aún para participar en cualquier exposición.

Es mucho más fácil entrenar a un pájaro que está acostumbrado a vivir en una pequeña jaula de exposición que al pájaro que se le introduce de repente en una jaula pequeña. Un pájaro nervioso es un mal espécimen de exposición y además existe el peligro de que le entre el pánico y se autolesione. Un pájaro acostumbrado a la jaula de exposición sólo necesitará acostumbrarse a los cambios de lugar y de público. Si los pájaros ya están acostumbrados a las visitas regulares de los miembros de la familia y de los amigos, ello también será de gran ayuda. Finalmente, la posición de la jaula debería modificarse regularmente para que el pájaro se acostumbrase a los cambios de lugar.

Por tanto, una cuestión importante concerniente a la preparación de pájaros para ser exhibidos es conseguir acostumbrarlos a una jaula de exposición; algunos criadores instalan incluso a los jóvenes en una jaula de exposición poco tiempo después de haber abandonado el nido. Los padres todavía pueden seguir alimentando a los polluelos a través de una tela metálica que comunica ambas jaulas.

Ciertos canarios de forma, como el Bossu belga, el Rizado del sur y el Gibber italicus, requieren un posterior entrenamiento de las posturas. Aunque estos pájaros deberían adoptar naturalmente la postura correcta, pueden requerir un refinamiento. Una mala colocación en un canario de forma le

El color canela es el resultado de una mutación en el gen que produce la melanina (pigmento negro y marrón) en las plumas

hará perder puntos en la exposición. Para conseguir que los pájaros mejoren su postura, se suspende la jaula de entrenamiento sobre un gancho y una cuerda, de tal forma que la jaula se mueva a un lado y a otro y la percha del canario se mueva como una rama al viento. El pájaro tendrá que erguirse y ajustar continuamente su centro de gravedad. De esta forma, se fortalecen los músculos de las patas y la postura debería mejorar espectacularmente. Conviene realizar este ejercicio durante una hora al día como máximo ya que los canarios no se sienten particularmente felices en una jaula que se mueve.

Es mejor situar las jaulas de exposición a la altura de los ojos, pero nunca a menos de 1,5 m del suelo. Durante las competiciones y especialmente durante el juicio, las jaulas deben estar situadas a la altura de los ojos. En el caso de los canarios rizados, las jaulas nunca deben colocarse demasiado cerca unas de otras. Siempre debería haber un espacio de 5 cm entre las jaulas para evitar que los pájaros se arrancasen entre ellos las plumas, hábito desafortunado que estos pájaros desarrollan en cuanto tienen la más mínima oportunidad.

El Yorkshire y el Lancashire son variedades de canarios que deben mantener una postura erguida. Para mejorar su postura después de que los pájaros se hayan acostumbrado a la jaula de exposición, la jaula deberá introducirse parcialmente dentro de un contenedor o bien cubrirse casi en su totalidad con un cartón, papel o material similar de tal forma que el pájaro tenga que estirarse totalmente para mirar por encima de la barrera. Este método se aprovecha de la curiosidad natural de los canarios.

Los pájaros con forma curvada o de número siete requieren un método diferente de entrenamiento. Estas variedades, como el Bossu belga y el Rizado del sur tienen que ser entrenadas para que mantengan la cabeza y el cuello en forma horizontal. Esto se puede conseguir rascando regularmente la parte inferior de la jaula. El ruido hará que los pájaros se estiren hacia delante con la cabeza y el cuello en una posición horizontal para intentar escuchar qué está sucediendo.

Con todo este entrenamiento, siempre hay que tener presente que un pájaro no hará lo que no haya heredado de sus padres. Por tanto, hay que ser muy selectivos y muy pacientes. Es extremadamente importante llevar un control exhaustivo de las crías porque de esta forma los fallos siempre se pueden minimizar. El estudio de los estándares requeridos para la exposición podrá dar una buena idea de qué aspecto debería tener cada variedad y qué debería ser capaz de ejecutar.

Razas de canarios de forma
(En orden alfabético)

Bernés

Esta raza es un canario nacional de Suiza. Aunque lleva el nombre de la capital suiza, ello no quiere decir que se desarrollara necesariamente allí. Los suizos, que se han ocupado desde hace mucho tiempo en fomentar y hacer progresar sus propias razas de canarios –hay también un rizado suizo, reconocido en Alemania y Francia en 1967 y 1968, respectivamente; sin embargo, todavía es una raza bastante escasa–, no estuvieron satisfechos hasta que produjeron un pájaro que fuera tan puro como los mismos Alpes suizos. Finalmente este pájaro se convirtió en el Bernés, un pájaro de porte alto y erguido.

Esta raza probablemente ya existía a comienzos de siglo porque hacia 1910 ya era muy conocido en los círculos de canaricultores, y en esa época se redactó un estándar oficial.

El Bernés ha requerido muchos cruces para llegar a su actual refinamiento. La raza se mostró por primera vez en una exposición en Lisboa en 1966, cuando R. Kock expuso una serie de canarios berneses de gran calidad. Esta raza tiene hoy día entusiastas defensores en muchos países.

Ino y pastel diluido canela

Border

Como su nombre sugiere, esta vivaz, robusta y pequeña raza fue desarrollada en los condados limítrofes entre Inglaterra y Escocia (dicha frontera es llamada en inglés *the border*). Al reivindicar tanto los ingleses como los escoceses el honor de haber desarrollado esta variedad de canario, en 1891 fue denominado *Border canary*, es decir, canario de la frontera, para que todo el mundo estuviera contento.

El canario Border original sólo era un diminuto pájaro de 13 cm de longitud y por este motivo recibió el sobrenombre de *wee gem* (pequeña joya). A lo largo de los años, el tamaño ha aumentado a 15 cm. Un dibujo de un canario Border ideal realizado por N. Norman condujo a la preparación de un estándar en 1930. El conocido artista alemán H. Heinzel realizó una nueva ilustración en 1968, en la que mostró todos los detalles de tamaño, forma, postura, etc. El Border es una de las razas más sencillas de criar y produce dos o tres nidadas de cuatro a cinco polluelos por temporada.

Bossu belga

Es una de las razas más antiguas, aunque su origen es bastante incierto. Probablemente haya evolucionado a partir del Mechelse waterslager, dado que posee la típica espalda encorvada. Es una raza que se ha mejorado y refinado mediante la cría selectiva.

El Bossu belga probablemente se originó en una zona de Bélgica cercana a Gante, Brujas y Amberes, y se supone que la raza fue perfeccionada aproximadamente en 1700. En esa época se llamaba «Grote Vogel» (gran pájaro), o «Gentse Vogel» (pájaro de Gante). Se hizo muy popular en Inglaterra, donde fue denominado «el pájaro belga». Miles de crías fueron enviadas a Inglaterra donde, en lugar de perfeccionar la raza, se utilizaron para ayudar a la creación de nuevos canarios de forma. Ocurrió entonces que para satisfacer esta demanda concreta, estos pájaros belgas experimentaron una reducción de su especie.

Los momentos culminantes en la historia del Bossu fueron los años 1700, 1840 y 1890. Las dos guerras mundiales se cobraron muchas víctimas de Bossu belga y se perdió mucho material valioso. Un canaricultor experto en canarios de forma me contó una vez que no vio ningún Bossu belga en Bélgica ni en los Países Bajos durante la Segunda Guerra Mundial, sólo algunos especímenes en España. Unos pocos canaricultores se hicieron cargo de conservar la raza y hoy, gracias a Jan Dawans que fomentó en gran medida su popularidad, hay de nuevo aficionados a esta raza en los Países Bajos y en Bélgica.

Columbus fancy

Esta raza fue desarrollada por canaricultores americanos, especialmente por la señora W. A. Finney. Su nombre procede de la ciudad de Columbus, en Ohio, pero esta raza es muy popular en todos los Estados Unidos.

El Lancashire, el Gloster fancy, el pequeñísimo Yorkshire, el Border, y el Norwich de cabeza aplanada, todos ellos han desempeñado un importante papel en el desarrollo del Columbus. Los dos últimos son definitivamente los responsables de la variedad moñuda. También hay canarios Columbus de cabeza plana o de cabeza lisa, y es una suerte que los mejores especímenes surjan de un liso x moñudo o viceversa, combinación que produce un 50 por ciento de cada tipo.

El Columbus fancy adopta una postura erguida, con un ángulo muy

Tres variedades de canarios. Arriba a la izquierda, el canario Norwich, famoso por su plumaje corto y compacto con el matiz brillante de la seda, y su constitución robusta y redonda con su cuello corto y ancho y su cráneo redondo y ancho. El canario Lizard (arriba a la derecha), de cabeza lisa y con una serie de manchas negras crecientes que discurren paralelas por su espalda produciendo un efecto de escamas de lagartija o lentejuelas. Abajo, el Fife fancy, con frecuencia llamado wee gem, es un pequeño pájaro con la cabeza redonda y la cola en forma de media luna

cerrado con respecto a la percha, aunque más vertical que los canarios moñudos relacionados con él. Es de tamaño medio, y la mayoría de sus colores son aceptables, sin embargo la preferencia se inclina hacia un moño oscuro y un cuerpo claro. El color es un punto muy importante a la hora de juzgar a esta raza.

Crested

Los primeros Melchese waterslagers con moño, probablemente surgieron alrededor de 1800. Hay más certeza de razas Harz y Sakser moñudas en esa época. Sin embargo, sigue siendo un misterio cómo se originó el moño pero, como el canario es un pariente lejano de los pinzones, la tendencia a tener moño no es del todo imprevista.

A través de una cuidadosa reproducción selectiva y la explotación de las mutaciones apropiadas, el moño fue desarrollado, probablemente, a partir del cruce con el Melchese waterslager. Primero apareció el Lancashire moñudo, y después el Norwich moñudo. Los cruces entre estas dos variedades mejoraron aún más el moño y se originó el canario Crested. Los Crested pueden aparecer con o sin moño y los mejores resultados surgen de cruzar ambas especies. El canario Crested fue desarrollado por F. W. Barnett de Falkenham, Norfolk, Inglaterra en 1880.

Fife fancy

Es un pequeño canario redondo, ágil y muy popular (especialmente en el Reino Unido y en Europa), que posee una cabeza pequeña y redonda y un pecho redondeado. El cuerpo discurre casi en línea recta desde la suave curva del hombro hasta la punta de la cola. Las patas son cortas y el pico algo puntiagudo.

Fue desarrollado por criadores en su mayor parte escoceses, que estaban intentando reducir el tamaño de los canarios Border por medio de la reproducción selectiva y acabaron consiguiendo esta forma enana. El nombre «Fife» está tomado de la región escocesa del mismo nombre y no es un número (el cinco en inglés) como a veces se cree. Es la raza más joven entre los canarios de forma –sólo tiene unos cuarenta años– y fue oficialmente aceptada en 1957, aunque estos pájaros ya habían sido criados por canaricultores desde algún tiempo antes. Fue en 1957 cuando se inauguró el Fife Fancy Club en la ciudad escocesa de Kirkaldy.

La característica más peculiar de esta raza de canarios es su reducido tamaño, pues no debe superar los 11 cm. Al igual que el canario Border, con frecuencia se le conoce como *wee gem*.

El Fife fancy es un buen pájaro de cría, al igual que la mayoría de los canarios. Todos los canarios de forma desde 11 a 14 cm de longitud son muy

CANARIOS DE FORMA

Canarios de postura. Arriba, el pequeño Gibber italicus (izquierda) y el Scotch fancy (derecha). Al canario Yorkshire se le conoce como «el Caballero de los fancy» (centro).

buenos criadores, y los resultados de la reproducción suelen ser menos satisfactorios con las variedades mayores. Esto es una peculiaridad de la naturaleza; las razas más próximas en tamaño al pájaro silvestre original son por lo general los mejores criadores. Esta cría tan sencilla del Fife fancy significa que pronto se puede convertir en un pájaro muy popular y que se verán muchos de ellos en las próximas competiciones.

Gibber italicus o Rizado giboso italiano

Perteneciente al grupo de canarios de forma rizados, esta raza se conoce en Europa simplemente como Gibber. Aunque más pequeña, es idéntica al Rizado del sur, que, sin duda alguna, desempeñó un importante papel en su desarrollo.

Extrañamente, el Gibber es en realidad el resultado final de una reproducción errónea. La reproducción continuada de pájaros consiguió que las plumas fueran cada vez más escasas, hasta que el esternón y los muslos acabaron sin pluma alguna. Al factor intensivo también se le puede echar la culpa de su pequeño tamaño. Pero es la desnudez de los muslos y del esternón lo que le convierte en un buen Gibber italicus. Generalmente se necesitan criadores experimentados para reproducir esta raza, ya que se requiere cierta percepción e intuición para saber hasta dónde se puede llegar en los apareamientos intensivo x intensivo. Pero, por desgracia, es bastante probable que muchos polluelos mueran en el cascarón o poco después de haber salido de él.

Giboso español

Este canario rizado es una de las razas de forma que han sido reconocidas más recientemente. Se mostró por primera vez en la World Exhibition de 1982, en Roeselare, Bélgica. Es similar en su aspecto al Gibber italicus pero un poco más grande y con una forma diferente. El Giboso se mantiene erguido sobre sus patas estiradas formando su cuello y cabeza un ángulo de 45 grados. A diferencia de otras variedades rizadas, que tienen forma de número siete, esta raza se parece más al número uno. La cabeza la tiene tan baja que el pico casi roza con las rodillas.

Todavía no está claro si esta raza será reconocida oficialmente en el COM. Primero debe demostrar, durante varios años, que se ha establecido convenientemente. También hay que decidir si difiere suficientemente del Gibber italicus como para conseguir su estatus de nueva raza.

Gloster corona

Es una adición relativamente reciente al grupo de canarios de forma. Este canario fue desarrollado por la señora Rogerson de Cheltenham (Gloucestershire, Inglaterra) en 1925. Su popularidad aumentó gracias a J. McLey, un juez escocés de exposiciones. Probablemente surgió al aparear un Norwich con un pequeño Border y luego al seleccionar a los más pequeños para una posterior reproducción. Por medio de la selección continua, la señora Rogerson produjo especímenes que se mostraron en la exposición del Crystal Palace, Londres, en 1925. Hay dos tipos de Gloster: el Gloster corona con moño o corona y el Gloster consort, sin moño. Como un moñudo x moñudo produce un 25 por ciento de factor letal, hay que usar ambos tipos para la reproducción.

Hoso japonés

Es la raza más reciente de canarios de forma que se conoce. Los primeros ejemplares de esta raza llegaron a Europa en 1970, aunque ya se conocían en Japón desde 1963. Fue oficialmente reconocido por la COM en 1974, aunque había ya muchos canaricultores que empleaban este pájaro como una variedad de cría y de exposición.

El Hoso japonés debería considerarse como una versión en miniatura del Glasgow don (el material de donde

Ópalo o, como se llamó anteriomente, ágata recesivo. El factor ópalo es recesivo homocigótico, pero no está ligado al sexo

procede el Scotch fancy). La característica más obvia de esta raza es su forma de media luna, con la cola que cuelga sobre la percha formando una limpia curva con el cuerpo, que debe ser estrecho y cilíndrico. Los hombros son estrechos y apenas más anchos que el fino y largo cuello. La cabeza es estrecha y «de serpiente» y tiene que estar inclinada hacia adelante para completar la curva total del pájaro, pero no debería estar más baja que los hombros.

Las largas alas deben reposar confortablemente a lo largo del cuerpo y la cola completa su forma de media luna. Los muslos deben ser visibles y las patas deben estar ligeramente flexionadas, no rectas. El plumaje tiene que ser lo más liso posible, pero a la vista de la forma del cuerpo, esto no es del todo posible.

La talla del pájaro es una de sus principales características. La longitud recomendada es de 11 cm, pero se acepta hasta un máximo de 12 cm.

Su preparación para las exposiciones es similar a la de los otros canarios de forma. Hay que comprobar que los pájaros ya adoptan la forma de media luna en las jaulas de entrenamiento, por lo que sólo deberían usarse pájaros que ya poseen la tendencia natural a adoptar esa postura. Se desaconseja trabajar con los demás pájaros ya que nunca podrán ser entrenados para adoptar la postura correcta.

El Hoso japonés es un buen pájaro para la cría y debería producir resultados medios. Con buenos apareamientos, se puede contar con dos nidadas sin problemas por año, que debería ser la cantidad máxima. Una tercera nidada de esos pequeños pájaros, con toda probabilidad será menos satisfactoria y tenderá a agotar a los padres. Los especímenes más pequeños e intensivos de 11 cm se seleccionan para la reproducción, pero es en cierto modo arriesgado porque es probable que estos pequeños pájaros muestren todos los defectos de su corto plumaje. Un plumaje escaso en los muslos y zonas calvas alrededor de los ojos son los primeros signos de que el factor intensivo (no nevado) es demasiado fuerte.

Tampoco se recomienda efectuar demasiados apareamientos endogámicos, tentación en la que se suele caer para producir pájaros más pequeños. Los mejores resultados parecen proceder de intensivo x semiintensivo o semiintensivo x semiintensivo, que aseguran un ajuste estricto a la talla y a la forma.

Lancashire

Los antepasados del canario Lancashire con toda probabilidad fueron llevados a Inglaterra en el siglo XVIII por tejedores flamencos y holandeses. El Lancashire es conocido por haberse usado para el desarrollo de otras especies (el Crested y el Yorkshire, por ejemplo) alrededor de 1870. Estos cruces, desafortunadamente, condujeron a un deterioro de la calidad de los Lancashire, por lo que perdieron popularidad. Durante la Segunda Guerra Mundial, la raza Lancashire se perdió totalmente. Los pájaros que se ven en la actualidad son «reconstrucciones» desarrolladas a partir de las auténticas razas que surgieron del Lancashire. Aunque los Lancashire actuales todavía no son muy comunes en las perchas de las exposiciones, su popularidad está aumentando día a día.

El Lancashire es el mayor de los canarios de forma ingleses, con una longitud mínima de 20 cm, aunque son habituales los especímenes de 23 cm. Es un pájaro majestuoso y orgulloso, de porte erguido. A primera vista parece tener algo de los rasgos del Yorkshire, pero una inspección más minuciosa mostrará muchas diferencias. El cuello es más largo y más grueso que el del Yorkshire, mientras que el pecho es más redondo y lleno.

La característica más importante del Lancashire es su moño semielíptico, con forma de herradura, que cae sobre la punta del pico pero sin cubrirla y sobre los ojos, ocultando la mitad inferior. En la parte posterior de

El Harz (a veces pronunciado «Hartz») es un excelente pájaro de canto y por lo general se conoce como roller, aunque el término Harz también se utiliza con frecuencia

la cabeza, el plumaje debe mezclarse tan uniformemente como sea posible con el de la espalda para dar la impresión de que el moño se encuentra sólo en la parte delantera de la cabeza. Esta impresión es mucho mejor cuando el moño es del mismo color que el resto del cuerpo; por lo tanto, un moño más oscuro no favorece a esta raza de pájaros.

El Lancashire de cabeza lisa es igual que el moñudo, a excepción de su cabeza, que es ancha y bastante larga. Las cejas son prominentes. El plumaje de la cabeza es suave y abundante, pero no debe erizarse detrás de los ojos. Hay que llevar a cabo una reproducción selectiva para conservar la longitud del cuerpo y la calidad del moño.

Lizard

Cuando los hugonotes partieron de Francia a Inglaterra al final del siglo XVI, se llevaron consigo a sus animales domésticos. Uno de ellos era un tipo particular de canario que finalmente evolucionó en lo que actualmente se conoce como Lizard. Es una de las razas de canarios de forma más antiguas, y experimentó pocos cambios en sus primeros cuatrocientos años. Aunque fue muy popular, escaseó considerablemente durante la Segunda

Guerra Mundial, una investigación realizada por la revista inglesa *Cage birds* contabilizó sólo 30 parejas.

Un programa muy intensivo de reproducción ha aumentado desde entonces el número de pájaros, y esta espléndida raza es ahora muy habitual. Se diferencia de los otros canarios por sus «lentejuelas», un dibujo formado por una serie de puntos negros a lo largo del dorso y de los costados, que simulan las escamas de una lagartija (lizard, en inglés, de quien obviamente toma su nombre). Este efecto se debe al hecho de que las puntas de las plumas carecen de color hasta después de la muda juvenil. A medida que el canario envejece, los colores de los bordes de las plumas se extienden y echan a perder en cierta medida el atractivo del pájaro. El pico, las patas, las alas y la cola deben ser negros. También existen lizards marrón ágata e isabela. Hay también colores secundarios, como el amarillo no intensivo en el lizard convencional, el amarillo dorado intensivo en el lizard oro, el blanco en el lizard azul y el factor rojo en el lizard bronce. Aunque algunos consideran al Lizard como un canario de color, según la COM es, al menos parcialmente, un canario de forma.

Moñudo alemán

Es en realidad más una raza de color que un canario de forma, pues es en su totalidad un canario de color y sólo el moño es lo que le convierte en un canario de forma. Los canarios de color moñudos se conocen desde hace mucho tiempo. Su nombre de Moñudo alemán no indica el origen de esta raza de pájaros, sino que fue el primer canario de forma reconocido por los alemanes. En 1963, el Moñudo alemán fue reconocido por la Federación Alemana de Canarios y el estándar se aceptó por la Federación Mundial (COM).

El Moñudo alemán es similar en constitución corporal a un robusto canario de color; a veces el modelo es el de un waterslager, ya que éstos son mayores. La talla oficial es la misma que la de un canario de color, unos 15 cm. Su moño es algo menos elegante que el del Gloster. Un buen moño debería tener una forma parecida a una margarita, y ser lo más pequeño y redondo posible, y nunca en forma de rayas, un defecto que es muy común en esta raza. Debería ser bonito y redondo así como cubrir toda la coronilla, y visto desde un lado, el moño debería formar una línea recta justo encima del ojo. Los mejores ejemplares poseen un moño que confluye limpiamente en la espalda. Si se aprecia una separación en las plumas de la parte posterior del moño, esto no se considera un defecto que haga perder puntos, pero esta raza posee una zona calva que debe ser cubierta por el moño tanto como sea posible.

Una atractiva pajarera construida en el agradable marco del jardín de un canaricultor

Para la reproducción de los canarios moñudos, siempre se recomienda el apareamiento de moñudo x liso. La forma de cabeza lisa del Moñudo alemán es la misma que la de un canario de color, pero hay que asegurarse de que posee un gran cráneo. La forma más habitual es un canario de factor rojo con moño negro.

Münchener
(Canario común alemán)

Esta raza alemana no es muy habitual en los Estados Unidos, pero en su país natal goza de bastante relevancia. Sin embargo, aparece regularmente en muchas exposiciones mundiales. La causa de la escasa popularidad del Münchener puede deberse al hecho de que no está tan claro que sea una raza. Hay cuatro pájaros del grupo de forma que son muy similares entre ellos. Sólo los mejores especímenes de estos grupos son fácilmente reconocibles, pero los pájaros mediocres pueden crear a los criadores y a los jueces grandes problemas a la hora de decidir a qué raza pertenecen. Por tanto, es bastante posible que entre los antepasados del Münchener aparezca el Bossu belga o diversos rizados.

Lo que se sabe de esta raza es que los Münchener más antiguos tenían un plumaje rizado. Probablemente disfrutó de su mayor popularidad entre los años 1920 y 1930, cuando ya era un pájaro de plumaje liso y se criaba por su forma y su color. Desde entonces, los Münchener fueron perdiendo popularidad durante varios años, pero en los últimos diez años se ha vuelto cada vez más importante.

Morfológicamente, el Münchener se puede comparar con el Bossu belga y con el Scotch fancy, pero naturalmente existen algunas diferencias entre ellos. Este canario es bastante pequeño y su longitud varía de 15 a 16 cm. Tiene un cuerpo muy fino, su pecho es estrecho y lleno, y marca una línea convexa, al contrario que el Scotch fancy, cuya línea del pecho es cóncava por el exterior. Los hombros deben ser lo más estrechos posible. La espalda sólo está ligeramente curvada, y la curva principal recae en los hombros. El pájaro tiene que adoptar una postura erguida sobre su percha para que la parte inferior de la espalda y la cola formen una línea vertical.

La cabeza es bastante pequeña y ligeramente aplanada; el cuello es largo y estrecho y forma un ángulo de aproximadamente 45 grados con relación a una línea imaginaria trazada desde los hombros a las patas. La unión del cuello y del cuerpo debe formar una línea suelta. La principal característica del Münchener es su cuello recto y en pendiente con una espalda recta. Las patas son largas y tienen que estar ligeramente plegadas, no tan erguidas como las del Bossu o del Scotch.

Norwich

Esta raza probablemente se originó en Flandes y llegó a través de Bélgica a Inglaterra, donde fue se mejoró aún más en la región de Norwich; de ahí su nombre actual. Las antiguas ilustraciones muestran que era muy similar al waterslager, probablemente uno de sus antepasados. La antigua raza fue considerada raza de color durante algún tiempo. Lo más probable es que el canario Lizard haya desempeñado un importante papel en esta consideración, ya que el Lizard se cruzó con esta raza, como lo evidencian las plumas sedosas y brillantes del Norwich.

Según las ilustraciones, el Norwich sufrió varios cambios alrededor de 1800, por tanto es bastante probable que el tipo original se remontara bastantes años más atrás.

En 1890 se celebró en Norwich, Inglaterra, una gran exposición en honor a este canario. Se dice que participaron cerca de cuatrocientos competidores. En este evento se establecieron los estándares para esta raza concreta, junto con una escala de puntos para su forma y posición. El color dejó de considerarse un factor principal y el pájaro se catalogó como canario de forma en lugar de canario de color. Con interrupciones durante las dos guerras mundiales, el Norwich se ha considerado una raza satisfactoria con una segunda forma (con moño y sin moño) que también se está popularizando.

Rizado del norte

Al igual que el Gibber italicus, el origen de esta raza es también bastante incierto. Sin embargo, los expertos están de acuerdo en que es bastante probable que las variedades rizadas se desarrollaran primero en los Países Bajos. El siguiente texto procede de Eugène Legendre, un antiguo miembro del Comité Ornitológico Internacional:

«Los holandeses crearon las bases para los canarios rizados. Sus primeros intereses se centraron en el área de la selección de canarios de plumas largas. Debido a estas largas plumas, que originalmente se concentraron en el pecho y que pronto comenzaron a extenderse por el resto del cuerpo, era obvia la comparación con el vestido nacional holandés. A partir de los primeros dibujos que nos dieron a examinar, las plumas de la espalda y de los costados también se espesaron, no tanto en forma de rizos sino más bien como palas. La reproducción de esta raza se extendió a Bélgica y desde allí

Ésta es una uniforme y ordenada disposición de jaulas de cría, la mayoría de las cuales se pueden convertir en jaulas triples. Los compartimentos más pequeños son útiles cuando se aparean dos hembras con un solo macho

a la zona norte de Francia, especialmente en Roubaix e incluso más al sur, hacia la Picardía, donde este rizado fue llamado "Roubaisien" y "Picardien". Posteriormente se denominó Rizado holandés del norte. Si rebuscamos aún más en la historia de esta variedad rizada, nos damos cuenta de que la cría de este pájaro llegó hasta París, donde se desarrolló el Rizado parisino».

Rizado del sur (Holandés del sur)

Aunque parezca extraño, a pesar de su nombre, esta raza se originó en el sur de Italia, en especial en las regiones de Nápoles, Caserta y Benevento. Probablemente ha heredado su elevada espalda del Bossu belga y sus rizos, del Rizado del norte. Como he mencionado antes, esta raza fue probablemente un antepasado del Gibber italicus. Parece que el Rizado del sur hizo su aparición por primera vez aproximadamente en 1920 y alcanzó su momento culminante justo antes del comienzo de la Segunda Guerra Mundial.

Es un pájaro bien proporcionado con forma de siete casi perfecta, y la forma de su cabeza es muy parecida a la del Lizard. Es una raza bastante nerviosa que no puede permanecer quieta durante las exposiciones. Afortunadamente, este comportamiento está permitido en la escala de puntos. Sin embargo, esta raza se ha vuelto muy escasa últimamente y el material para la reproducción disponible es en cierto modo endogámico. Si se pudiera mejorar, este rizado fascinante ciertamente volvería a entrar en escena, y además, por la puerta grande.

Rizado milanés (Rizado de color)

Los italianos han intentado crear su propia raza con esta variedad, que, como su nombre indica, se ha originado en Milán. Sin embargo, es tan similar al Rizado parisino, que no es necesario una descripción independiente; mencionar el pequeño número de diferencias será suficiente. Incluso las descripciones de los estándares son casi idénticas.

Esta raza bastante reciente se desarrolló para crear una conexión entre los aficionados a los canarios de forma y de color. Al contrario de la mayoría de las demás razas de canarios de forma, que se juzgan por su forma, postura y plumaje, el color desempeña un importante papel a la hora de juzgar a esta raza.

Una combinación de los diversos tonos de los canarios de color con las formas interesantes de los canarios de forma debería, al menos en teoría, ofrecer algunos pájaros sorprendentemente atractivos. Por desgracia, en la práctica no resulta así. Para comenzar, la afición a los canarios de forma es relativamente reciente en Europa y América, y todavía resta mucho por hacer para mantener y mejorar los canarios de forma antes de pensar realmente en introducir demasiadas variaciones en el color. Al introducir la sangre de los canarios de color en razas de forma relativamente recientes, existe el peligro de causar un deterioro en los estándares. Por consiguiente, hay que tener mucho cuidado con la experimentación. Puede ser realmente atractivo poseer canarios de forma de todos los colores, pero los resultados finales pueden resultar fatales para la cría de los canarios de forma.

Sólo hay dos diferencias entre el Rizado milanés y el Rizado parisino; la primera es el color. El Parisino se presenta en muchos colores, pero los más comunes son el verde, el amarillo y la variedad verde jaspeada. El Milanés es un pájaro de un solo color, y los especímenes jaspeados no se reconocen como Rizados milaneses. Durante mucho tiempo, el Milano bianco (Milanés blanco) era el único color conocido, pero ahora el naranja claro y el azul también se encuentran entre estos canarios. Los demás colores todavía no se han reconocido oficialmente. Un Rizado milanés, por tanto, se puede definir como un Rizado parisino sin jaspeado, en los colores blanco, naranja claro, melocotón y azul.

Una segunda diferencia, aunque pequeña, con el Rizado parisino se encuentra en la talla. El Milanés debe tener una longitud mínima de 18 cm; el Parisino, una longitud mínima de 19 cm.

Se ha comprobado que el Milanés es un buen criador y que alimenta a sus crías mejor que el Parisino. Sin embargo, esta raza se ve con muy poca frecuencia en las perchas de las exposiciones. Quizá sea la combinación de una buena forma y del plumaje del canario de forma con el color puro del canario de color lo que le dificulta producir suficientes pájaros adecuados para los propósitos de exposición.

Rizado paduano

Esta es otra creación italiana muy similar al Rizado parisino. Sin embargo, hay algunas características que lo diferencian de este, la más obvia es el moño. El Paduano es algo más pequeño que el Parisino, pero su longitud mínima tiene que ser de 18 cm. Las variedades rizadas también pueden ser algo más cortas. Otra diferencia está en el collar, que es liso y evidente, pero las plumas no son tan largas, y el mismo collar es más bajo que en el Parisino. El Rizado paduano tiene un moño bien desarrollado que no hay que comparar con el del Gloster; es más largo y llega hasta el pico y los ojos. Además, el moño no tiene que ser tan uniforme como el del Gloster y está influido por las plumas del rizado.

El color del moño también es bastante importante. Al igual que el Milanés, el Paduano tiene que ser de un solo color, y los especímenes jaspeados no son aceptables. Sin embargo, el moño puede tener otro color, preferiblemente más oscuro que el cuerpo. Un moño oscuro sobre un cuerpo blanco o amarillo es perfecto para esta raza.

El Rizado paduano también tiene una variedad de cabeza lisa. La principal diferencia entre el Milanés y el Parisino es el plumaje bastante liso sobre el collar. El hecho de que sea un pájaro moñudo debe ser muy evidente en el Paduano, lo que se indica por las cejas marcadas.

Rizado parisino

Algunos de los mejores ejemplares de canarios del mundo se encuentran en esta raza. Algunos llegan a poseer plumas en la cola que miden hasta 12 cm. Muy poco es lo que se conoce del origen del Parisino, aunque se cree que desciende de ciertas razas holandesas. El Rizado parisino fue refinado en la región de París, y en 1867 ya existía una sociedad para la crianza de este pájaro. Es una raza atractiva, de proporciones robustas y con unos rizos apretadamente curvados dispuestos simétricamente sobre el orgulloso y semierguido cuerpo.

Rizado suizo

Esta raza no es muy común en los Estados Unidos ni en el resto de Europa fuera de su tierra natal. Como su nombre sugiere, fue desarrollado en Suiza, probablemente a partir de una mezcla de los canarios rizados disponibles en esa época. Es una raza relativamente antigua, aunque el primer reconocimiento oficial tuvo lugar en 1968 cuando se fijaron sus estándares en el congreso del COM en París.

Es un rizado ligero, por decirlo de alguna forma, lo que significa que las plumas rizadas aparecen sólo en ciertas partes de su cuerpo; en este caso, el manto, el pecho y los costados. Las plumas del manto deben cubrir aproximadamente dos tercios de la espalda, finalizar en una línea recta y colgar simétricamente a cada lado del cuerpo. Las plumas de los costados deben estar bien desarrolladas como en el Rizado del sur. Las plumas rizadas del pecho son más cortas que las de los rizados del Sur y del Norte, y comienzan lejos de las alas.

La cabeza y el cuello son lisos, y el pájaro tiene una longitud de unos 16 cm. La diferencia principal entre los rizados suizos y los del Norte y del Sur radica en la forma. El Suizo también se yergue sobre patas rígidas, pero el cuerpo adopta la forma de media luna. La cabeza se inclina hacia adelante,

CANARIOS DE FORMA

Un polluelo sano pidiendo comida

pero no tan profundamente como en el caso del Rizado del sur. La cola se mantiene recta contra la percha.

El Rizado suizo no es una raza fácil de criar. No son buenos padres, especialmente los más jóvenes. Probablemente ésta sea una de las razones por la que no aparecen con frecuencia en las exposiciones. Su forma correcta de media luna también es difícil de lograr y debe conseguirse por medio de una crianza selectiva muy cuidadosa. Sin embargo, hay unos pocos canaricultores que están trabajando intensamente con esta raza, y es posible que tenga un brillante futuro.

Scotch fancy

Poco se sabe del origen de esta raza. Las primeras versiones se conocieron como Glasgow fancy o Glasgow don. Con toda probabilidad, el Bossu belga tuvo mucho que ver con este antepasado, y la forma ganchuda de esta raza ha evolucionado posteriormente en una forma semicircular. Se siguen adivinando otros antepasados. Quizá haya desempeñado un papel importante el Rizado del sur en el desarrollo de esta raza.

Yorkshire

Éste es probablemente el canario inglés preferido y se le ha denominado con toda justicia «el Caballero de los fancy». En efecto, es un pájaro orgulloso e impresionante, que, según se cuenta, se exhibió por primera vez en Yorkshire alrededor de 1870. Bradford parece haber sido el cuartel general de este pájaro, que originalmente se pretendió que había sido una mejora del Lancashire. Esta raza fue desarrollada a partir de tres razas principales: el Bossu belga, el Lancashire y el Norwich. Llevó algún tiempo desarrollarlo hasta conseguir los estándares deseados, lo que no ocurrió hasta aproximadamente 1935.

Para su reproducción, el Yorkshire requiere una gran jaula y un nido relativamente grande. No cría tan fácilmente como el Border o el Gloster, pero si se tiene mucho cuidado, se pueden esperar de él dos nidadas de

Un bonito nido de polluelos con sus padres. La nidada habitual consta de cuatro o cinco huevos

tres polluelos por temporada. No es aconsejable tener más de tres polluelos en un nido, ya que crecen muy rápidamente durante las primeras semanas. También es mejor criar con padres ya maduros, de dos años o más, que tendrán más polluelos y mayores que las parejas jóvenes.

La alimentación de los Yorkshire también requiere una atención especial para que los jóvenes crezcan convenientemente, dado que necesitan muchas proteínas para el desarrollo de sus largas alas y de las plumas de la cola. Cada criador generalmente tiene su propio menú, pero la siguiente mezcla de semillas es muy adecuada: 10 partes de alpiste, 4 partes de nabina, 4 partes de avena, 1 parte de ajenuz, 1 parte de cañamón y 1 parte de linaza. Además, se les puede ofrecer un poco de semillas de lechuga o amapola, esparcidas sobre un poco de pan mojado. Los ingleses con frecuencia les dan a sus pájaros semillas de cardo humedecidas, ya que es una semilla particularmente dura. Siempre deben disponer de suficiente verdura, pero con moderación.

Conclusión

Podríamos mencionar otras variedades de canarios de forma, pero son demasiado escasas y poco conocidas para ocuparse de ellas. Ahora bien, unos cuantos comentarios concernientes a cómo se juzgan los pájaros en las exposiciones pueden resultar de gran utilidad al que se inicie en esta especialidad.

Una de las primeras cuestiones que hay que tener presente es que todos los pájaros que van a participar en una competición deberían gozar de un estado físico óptimo y de una salud excelente, deberían haber sido entrenados para ser valientes y orgullosos, y tendrían que ser capaces de adoptar la postura correcta para su raza en particular.

Los canarios de forma están muy influidos por los juicios que se emiten en las exposiciones, lo que conlleva el peligro de que los pájaros se conviertan en víctimas de los experimentos de sus criadores. Todos los criadores deberían conocer y respetar los requerimientos y los estándares de los canarios de forma. Un escaso conocimiento puede resultar tan perjudicial como ningún conocimiento, pues algunos criadores pueden intentar corregir imperfecciones que no lo sean en absoluto. Al actuar de esta manera, es muy probable que se introduzcan características aún menos deseables en la raza.

Un buen ejemplo de ello es el caso tan conocido de la introducción de sangre Norwich en el Border, con la intención de darle un aspecto más «fuerte». Esto nunca debería haberse hecho. El Border es un canario de forma pequeño, y este cruce también trajo consigo frentes negras y cuellos gruesos, rasgos nada deseables para esta raza. Los Gloster también se perjudican del cruce con los canarios de color. Para tener buenos canarios de forma, estas prácticas deberían estar prohibidas.

Por tanto, el trabajo de los jueces de exposiciones consiste en ser muy estrictos y selectivos y conceder bajas puntuaciones a los canarios que sean de calidad inferior. La siguiente lista muestra la clasificación de la COM para los canarios de forma:

- Categoría B : Canarios rizados
1. Rizado parisino
    a. Rizado de color
    b. Badouaner
2. Rizado del norte
3. Rizado del sur de un solo color
4. Rizado suizo
5. Gibber italicus
6. Rizado paduano
7. Rizado milanés

- Categoría B: Canarios de pose
1. Bossu belga
2. Scotch fancy
3. Münchener
4. Hoso japonés

- Categoría C: Canarios de forma
1. Border fancy
2. Raza española
3. Norwich
4. Yorkshire
    a. Tipo continental
    b. Tipo inglés

5. Bernés
6. Lancashire
7. Fife fancy

- Categoría D: Canarios moñudos
1. Gloster
    a. Corona
    b. Consort
2. Alemán
    a. Con moño
    b. Sin moño
3. Crested
    a. Con moño
    b. Sin moño

- Categoría E: Canarios marcados
1. Lizard
    a. Plata
    b. Oro
    c. Rojo
    d. Con casquete liso
    e. Con casquete roto
    f. Sin casquete

EL MILAGRO DE LA GENÉTICA

Los canarios de color

Es muy probable que el canaricultor que ha superado la etapa de principiante y ha adquirido alguna experiencia sobre el cuidado general y la cría de los canarios quiera progresar y continuar su afición con proyectos más ambiciosos. Sin embargo, muchos principiantes con sólo un vago conocimiento de genética y de cría del color, con frecuencia se asombran ante lo que producen inesperadamente un par de pájaros que han apareado. Por este motivo es necesario conocer al menos los conceptos básicos de la genética, es decir, las leyes de la herencia, si se desea controlar los colores y los tipos de pájaros que se están criando.

Células, cromosomas y genes

Como ya sabrá, tanto los animales como las plantas están formados por ciertos bloques de construcción vivos conocidos con el nombre de *células*. Cada una de estas células es tan pequeña que no se puede ver a simple vista, pero, a través de un microscopio, son sumamente interesantes de estudiar. Células diferentes se encargan de las distintas funciones del cuerpo, pero la célula básica consta de una membrana celular que encierra un núcleo rodeado de plasma.

El crecimiento en los seres vivos se lleva a cabo mediante un proceso de división celular llamado *mitosis*. En un determinado momento, la célula se estrecha alrededor de su centro, y divide el núcleo y el plasma, separándose gradualmente hasta que se convierte en dos pequeñas células idénticas, cada una de ellas con su membrana, su plasma y su núcleo. Estas pequeñas células absorben el alimento, crecen hasta un determinado tamaño y se vuelven a dividir, permitiendo por consiguiente el crecimiento de todo el organismo vivo, en este caso el canario (o tiburón, o serpiente, o roble, o ser humano), que contiene billones de células.

Prácticamente todo nuevo organismo multicelular procede de un hembra y de otro progenitor macho, que donan cada uno una célula: un óvulo de la madre y un espermatozoide del padre. Estas dos células se fusionan para formar una sola célula, que se llama *cigoto*. El cigoto es la primera célula de la nueva vida y comienza a crecer por medio de la división celular.

En estas dos células donadas que se unen para formar el cigoto se encuentran todas las características del nuevo ser. En el caso del canario, incluyen su color, su forma, su calidad, su sistema circulatorio, su aparato digestivo, su sistema respiratorio, sus huesos, sus plumas, su forma e incluso su temperamento. Estas características están contenidas en los *cromosomas*, que forman parte también del núcleo de la célula. Estos cromosomas son los portadores de la vida y los organizadores de la constitución corporal, y se pueden comparar con un ordenador que regulase todo el curso de los acontecimientos.

Los cromosomas se pueden ver únicamente a través de un microscopio electrónico, y dentro de ellos hay cuerpos más pequeños llamados *genes*. Son estos genes los que definen los rasgos heredados. Deciden el color de un pájaro o, en los humanos, el color del pelo o de los ojos. Deciden muchas otras cosas y, en último término, son los que deciden acerca de la vida misma. Una célula siempre tiene un determinado número de cromosomas, y siempre un número par. Cada vez que la célula se divide, los cromosomas también se dividen para que las dos células contengan el mismo número de cromosomas.

La única excepción es el cigoto, que está formado por la fusión del óvulo y del espermatozoide. En este caso, el óvulo y el espermatozoide (las células sexuales) llevan sólo la mitad del número normal de cromosomas que se encuentran en las demás células del padre donante. El canario, por ejemplo, tiene 42 cromosomas en todas sus células, pero sólo la mitad de ellas (21) en sus células sexuales. Esto significa, por supuesto, que el cigoto formado por las dos células sexuales de los padres contendrá 42 cromosomas y por tanto será el que dará lugar a un nuevo canario.

Cada nuevo canario se forma a partir de la mitad de las características genéticas de su madre y de la mitad de las de su padre. Por tanto, podemos tener un perfecto canario macho, pero si se aparea con una hembra no tan perfecta, no podemos esperar que todos los polluelos sean totalmente perfectos. Algunos rasgos defectuosos de la hembra pueden aparecer en los jóvenes y enmascarar la perfección del padre. Por este motivo, cualquier criador experimentado sólo empleará buenos machos y buenas hembras.

Mutaciones

Ahora ya puede aplicar este conocimiento sobre las células, la mitosis, los cromosomas y los genes al canario silvestre, del cual proceden todos los canarios domesticados.

Como observó F. van Wickede, el canario silvestre tenía un color agrisado. Y, como todos eran del mismo color, todas las hembras y todos los machos producían jóvenes del mismo color.

Si se examina el color grisáceo de un canario silvestre, podemos encontrar una mezcla de pigmentos marrones y negros sobre un color base amarillo. Algunos criadores de canarios hablan de «tres capas superpuestas». Los polluelos heredan estas tres capas de sus padres, y siempre que todo salga bien, el mismo color gris se perpetuará de generación en generación.

Afortunadamente –al menos para el aficionado a los canarios– de vez en cuando algo no va bien, y a este error se le denomina *mutación*, es decir, un cambio genético repentino en un gen o grupo de genes. La causa de este proceso, en la mayoría de los casos, no se conoce, pero hoy se sabe que algunas mutaciones pueden aparecer en las células sexuales de un animal que está siendo sometido a algún tipo de radioactividad. Existen también otras posibilidades, y se pueden producir mutaciones, por ejemplo, con ciertas sustancias químicas o con rayos X.

Una mutación dio lugar al canario amarillo, cuando por alguna razón que se desconoce, dos de las tres capas del canario (el negro y el marrón) se perdieron, dejando a la luz la capa de color amarillo. Sin embargo, no hay que suponer que estas mutaciones tan espectaculares aparezcan de forma habitual. Ciertas mutaciones tan minúsculas que pasan desapercibidas siempre están ocurriendo, pero estas mutaciones grandes, espectaculares y excitantes son muy raras. Se ha calculado que una mutación destacable aparece una vez cada 400.000 canarios. Sin embargo, en muchos países se crían todos esos pájaros todos los años, por tanto existe una buena probabilidad de que algunas mutaciones aparezcan anualmente.

La mayoría de las mutaciones no resultan prácticas para el criador de canarios y, en muchos casos, ni siquiera son percibidas por él. No alteran necesariamente un color ni la forma exterior. Las mutaciones importantes para el criador de canarios son aquellas que afectan al color de las plumas o, en un menor grado, a la forma general del canario y de su plumaje.

Relacionado con esto, consideremos ahora otro ejemplo. Los mirlos son muy conocidos por su color negro y casi siempre empollan pajaritos negros, pero muy ocasionalmente, sale del huevo un mirlo con motas blancas o incluso un polluelo completamente blanco.

Por un defecto de la herencia genética, una parte o la totalidad de los pigmentos oscuros del mirlo se han perdido. En el último caso, el pájaro es un pájaro albino. Si sólo se pierde un elemento del pigmento (el negro), resultará el color isabela.

Es fácilmente comprensible lo importantes que han sido las mutaciones para desarrollar todas las variedades diferentes de canarios. Los criadores también emplean las mutaciones para su propio beneficio, es decir, para mejorar las distintas razas. Las mutaciones son esenciales a la hora de desarrollar colores y formas completamente diferentes. Al cruzar una mutación con otra, se pueden producir más variedades. Y así sucede; teóricamente no hay límite con relación al número de variedades que podemos tener, siempre que las mutaciones continúen apareciendo regularmente.

Por la pérdida de los pigmentos negro y marrón, apareció el canario amarillo. El mismo canario amarillo tiene muchas más posibilidades; en primer lugar porque es mucho más atractivo que sus parientes grises, pero también porque tiene muchas más posibilidades genéticas.

En resumen, hay que tener en cuenta lo siguiente:
- Las mutaciones implican nuevas variedades de color.
- La selección abre el camino a mejores especímenes.

Obsérvense las marcas del plumaje de estos canarios: un típico pájaro jaspeado (izquierda) y un ejemplar jaspeado con dos manchas en ambos hombros (derecha)

Canario ágata plateado

- El cruce de mutaciones produce más variedades de color.
- Se pueden producir todavía más colores por medio de la hibridación; de esta forma el canario de factor rojo logró su color rojo del cardenalito de Venezuela.

Recesivo y dominante

Todo criador de canarios o de animales tiene que estar familiarizado con los términos *recesivo* y *dominante*. Estos términos se usan con mucha frecuencia y son importantes en relación con los resultados de los cruces. Hay una gran cantidad de libros técnicos escritos sobre estos do conceptos, pero lo que el criador necesita saber no es difícil.

Un color dominante es, a diferencia de un color recesivo, siempre visible. También se pueden utilizar estos dos conceptos para el resto de características, ya que los términos recesivo y dominante también se pueden aplicar a otros factores heredados. También se pueden aplicar a los seres humanos; por ejemplo, podemos decir que las personas de pelo oscuro y de ojos marrones son dominantes sobre las personas rubias de ojos azules y que las narices grandes y redondeadas son dominantes sobre las narices pequeñas y respingonas.

En los canarios, el color es el aspecto en que tienen más importancia ambos conceptos. Por naturaleza, el color original de los pájaros silvestres siempre es el dominante sobre las mutaciones de color. Por tanto, el gris siempre es dominante sobre el amarillo.

En la práctica, esto significa que un gris apareado con un amarillo produce jóvenes grises, y el color amarillo se oculta o se esconde. Ejemplos similares se pueden encontrar en los pinzones cebra. El color natural de estos pájaros es el gris, y este color gris es el dominante sobre los demás colores. Si se cruza un pinzón cebra gris con otro blanco, todos los jóvenes serán grises.

También se puede decir que el color dominante es siempre el visible y que el color recesivo siempre está reprimido por el color dominante. Sin embargo, el pájaro todavía conserva los colores recesivos, porque posee la mitad de la conformación genética de cada padre; sólo que estos colores no se pueden ver.

En efecto, si un canario macho gris se cruza con una hembra amarilla, el resultado serán polluelos grises, ya que el gris es el color dominante. Pero los jóvenes grises habrán heredado también el factor amarillo de la madre, y podrán pasar este color (invisible o recesivo) a sus polluelos. Estos pájaros también se llaman gris dividido por amarillo o simplemente gris/amarillo. El gris es el color visible y el amarillo, el invisible, que puede pasar a la siguiente generación.

Homocigótico y heterocigótico

Los términos homocigótico (puro) y heterocigótico (dividido), muy importantes para el criador de pájaros, están estrechamente relacionados con los términos recesivo y dominante.

Un pájaro *homocigótico* posee sólo los genes de su color visible. El canario silvestre original es un pájaro homocigótico. Sólo tiene el color gris –y ninguno más– y no puede pasar otros colores a su descendencia. El canario amarillo, que surgió de la pérdida de los pigmentos negro y marrón del pájaro original, es también homocigótico, ya que posee sólo el color amarillo (lipocromo) y ninguno más.

Anteriormente comentamos que los polluelos que nacen del cruce de un gris x amarillo serán todos ellos grises, pero también tendrán el color amarillo invisible. Estos son grises/amarillo o *heterocigóticos*.

De hecho, hay relativamente pocos canarios homocigóticos. Los canarios llevan tanto tiempo domesticados que encontrar un canario gris homocigótico es como buscar una aguja en un pajar. Es más, no podemos ver qué es lo que estamos buscando ya que sólo el color dominante es el que se puede ver y no los colores que están ocultos. En realidad es necesario criar al pájaro para descubrir lo que es.

Tampoco hay demasiados criadores que puedan proporcionar pájaros homocigóticos de un solo color, a no ser que hayan mantenido un minucioso libro de registro durante varias generaciones de nidadas.

Es frustrante que sea tan difícil obtener pájaros homocigóticos. Si desea concentrarse en algún color determinado, es preferible adquirir algunos pájaros homocigóticos de ese color ya que sólo así podrá estar seguro de que la descendencia será del color adecuado. Con pájaros no puros, siempre es un juego de azar saber con qué colores nos encontraremos en el nido.

Resumamos los principales conceptos:
- *Recesivo:* el factor escondido.
- *Dominante:* el factor visible.
- *Homocigótico:* puro, sólo se pasa el color exterior a la descendencia, y ningún otro más.
- *Heterocigótico:* dividido, capaz de pasar otros colores invisibles a la descendencia.

Canarios amarillos

El canario amarillo homocigótico surgió cuando una mutación hizo de-

Un canario con marcas parejas (izquierda) y un pájaro con una sola mancha en la cabeza (derecha)

saparecer los pigmentos marrón y negro del plumaje, dejando sólo el lipocromo amarillo (un tinte soluble en grasa que colorea las plumas). Al aparearse, los pájaros amarillo claro tienen descendencia amarilla clara. Otra mutación, el amarillo oscuro, surgió durante esos apareamientos. Si se aparea un pájaro amarillo claro con otro amarillo oscuro, los jóvenes tendrán una mezcla de amarillo claro y de amarillo oscuro, y producirán un pájaro amarillo intensivo. El factor intensivo es dominante sobre el amarillo claro e intensifica el lipocromo amarillo. Intensivo xintensivo es un apareamiento que no se debe intentar ya que trae consigo un factor letal; en otras palabras, los jóvenes morirán en el huevo o poco después de salir de él.

El amarillo claro x amarillo oscuro producirá amarillo claro si la descendencia hereda este factor de ambos padres, amarillo oscuro (intensivo) si la descendencia hereda el amarillo claro y el intensivo, y jóvenes muertos (factor letal) porque ambos padres pueden pasar el factor intensivo a algunos de ellos. Las leyes de la herencia para el amarillo claro y el amarillo oscuro son las siguientes:

- Amarillo claro x amarillo claro = 100 por ciento amarillo claro.
- Amarillo claro x amarillo oscuro = 50 por ciento amarillo claro y 50 por ciento amarillo oscuro.
- Amarillo oscuro x amarillo oscuro = ninguna descendencia (factor letal; no intentar este apareamiento).

Amarillo limón

El canario amarillo limón es en realidad un canario amarillo afectado por el llamado factor azul óptico intensivo. De hecho, no hay ningún color azul presente, pero los ganchos de las plumas reflejan la luz de tal forma que engaña a nuestros ojos. Como el azul y el amarillo forman el verde, esta luz azul reflejada se combina para producir un brillo verdoso en el plumaje del pájaro.

La herencia del factor azul es recesiva e intermedia (entre dominante y recesivo; por ejemplo, un cruce entre una planta boca de dragón blanca y otra roja, dará flores rosas). La herencia intermedia puede demostrarse al cruzar un canario amarillo limón con uno amarillo claro. La descendencia tendrá un brillo entre amarillo claro y amarillo limón, con un factor azul apenas evidente. Las leyes de la herencia son las siguientes:

Nota: En todos los cruces, la convención es identificar primero al macho.

El milagro de la genética

Los canarios amarillos deben tener un color vivo sin ninguna decoloración en los bordes

- Amarillo limón x amarillo limón = 100 por ciento amarillo limón.
- Amarillo limón x no amarillo limón = 100 por ciento amarillo limón intermedio.
- Amarillo limón intermedio x amarillo limón intermedio = 20 por ciento amarillo limón, 50 por ciento amarillo intermedio y 25 por ciento no amarillo limón.
- Amarillo limón intermedio x amarillo limón = 50 por ciento amarillo limón y 50 por ciento amarillo limón intermedio.
- Amarillo limón intermedio x no amarillo limón = 50 por ciento amarillo limón intermedio y 50 por ciento no amarillo limón.

Canarios blancos

Hay dos clases de canarios blancos, el blanco dominante que se originó en Alemania y el blanco recesivo que se tuvo su origen en Inglaterra.

Blanco dominante

Esta variedad es heterocigótica; por tanto, su herencia es similar a la del canario amarillo ordinario. Como tiende a llevar el color amarillo en el fondo, el blanco se considera dominante. Sin embargo, el efecto no es completo, ya que siempre hay un matiz amarillento que queda en la curva del ala y en los bordes exteriores de las plumas de las alas primarias. Aunque este amarillo nunca se ha podido suprimir completamente en los pájaros, los buenos especímenes de exposición muestran muy poco de ese color. Si dos canarios blancos se cruzan, se mejorará el color amarillo y habrá una buena probabilidad de obtener un 25 por ciento amarillo, ya que ambos padres llevan el factor amarillo y lo transmiten a su descendencia. Las leyes de la herencia serán:

- Blanco dominante x blanco dominante = 25 por ciento amarillo, 50 por ciento blanco dominante y 25 por ciento factor letal (ya que intensivo x intensivo pone de manifiesto el factor letal).
- Blanco dominante x amarillo (cualquier matiz) = 50 por ciento blanco dominante y 50 por ciento amarillo.

Blanco recesivo

Al ser recesivo por naturaleza, un blanco recesivo cruzado con un amarillo dominante, por ejemplo, producirá descendencia visiblemente amarilla pero con el factor blanco oculto. En otras palabras, será amarillo dividido por blanco o amarillo/blanco. Las leyes de la herencia son las siguientes:

- Blanco recesivo x blanco recesivo = 100 por ciento blanco recesivo.
- Blanco recesivo x amarillo = 100 por ciento amarillo/blanco.
- Blanco recesivo x amarillo/blanco = 50 por ciento amarillo/blanco, 25 por 100 amarillo, y 25 por ciento blanco recesivo.
- Blanco recesivo x blanco/amarillo = 50 por ciento blanco recesivo y 50 por ciento blanco/amarillo.

Albinos

Las variedades blancas han perdido el pigmento de su plumaje pero no son albinos, ya que todavía conservan el pigmento en otras partes del cuerpo como los ojos, el pico y los pies. En el auténtico albino, todos los pigmentos oscuros se han perdido, y aparecen los ojos rosas (que es el color rosa de los vasos sanguíneos) y una total ausencia de lipocromo. El pájaro es por tanto, blanco puro en apariencia. El pico es de color marfil claro, casi transparente, y el matiz rosáceo de los pies y de los dedos es debido a los vasos sanguíneos que se transparentan a través de las escamas.

Canarios de color: variedades

A lo largo de los años, ha surgido una gran variedad de canarios de color a través de mutaciones, reproducción selectiva, e incluso por la hibridación. Los pájaros que carecen de los pigmentos oscuros se conocen como grupo lipocrómico porque todavía poseen el lipocromo, que es una sustancia amarilla uniformemente distribuida y de textura lisa, o una sustancia coloreante roja. (El pigmento tiene una textura más áspera.) Las variedades de este grupo incluyen:

amarillo claro
amarillo oscuro
amarillo limón
blanco dominante
blanco recesivo
dimórfico

marfil
pastel
rojo
rojo-naranja
naranja
apricot

Series isabela
Isabela dorado
Isabela plateado
Isabela rojo
Isabela rojo naranja
Isabela naranja

El segundo grupo incluye los pájaros pigmentados, que se pueden dividir a su vez en cuatro grupos:

Series verdes
Verde
Verde dorado
Verde amarillo   limón
Verde bronce
Bronce naranja
Verde
Bronce rojo
Azul
Azul metálico
Azul pizarra

Series marrones
Marrón dorado
Marrón plateado
Marrón rojo
Marrón rojo naranja
Marrón naranja

Series ágata
Ágata dorado
Ágata plateado
Ágata rojo
Ágata rojo naranja
Ágata naranja

Además de los anteriores, hay gamas de dimórficos pigmentados, ópalos, pasteles e inos. Algunos canaricultores ponen objeciones a las agrupaciones anteriores, argumentando que los ágatas, isabelas, nevados, pasteles, ópalos e inos pueden agruparse dentro de las series marrones, porque poseen el mismo pigmento aunque están enriquecidos con otro factor.

Canarios marrones

Un canario normal posee pigmentos negros y marrones además del lipocromo en su plumaje. Si pierde el pigmento negro, lo que permanece es un color marrón (que todavía enmascara al lipocromo, visible únicamente si ambos pigmentos oscuros se pierden). La primera mutación marrón apareció alrededor de 1700 y pronto comenzó a ser conocida como *feuille morte* (hoja muerta) debido a su similitud con el color de las hojas caídas en el otoño.

Debió de haber sido un momento muy excitante para los criadores de canarios ya que esta mutación permitió crear muchos otros colores. Un canario marrón tiene ojos rojos, debido a la pérdida del pigmento negro. Sin embargo, el pigmento marrón todavía está presente, de tal forma que los ojos son mucho más oscuros que los ojos rosas del albino. El color marrón es homocigótico, y por tanto el marrón x marrón produce una descendencia ciento por ciento marrón. También está ligado al sexo en su herencia, y no es dominante ni recesivo.

El gris amarronado original del feuille morte se ha modificado desde hace mucho tiempo y la mayoría de los marrones de nuestros días tienen un color más parecido al del chocolate. Los especímenes más oscuros se conocen como marrones máximos.

Herencia ligada al sexo

El sexo de todos los animales está también determinado por los cromosomas y los genes. Uno de estos cromosomas, con su provisión de genes, posee una única característica sexual, mientras que otro posee una doble característica sexual. El cromosoma sexual generalmente se conoce como cromosoma X. Los machos poseen el cromosoma X doble (XX) y las hembras un único X (XY). Cuando nacen los polluelos, aproximadamente la mitad de ellos heredan un cromosoma X del macho y un cromosoma X de la hembra, lo que les convierte en polluelos machos. La otra mitad heredará el cromosoma X del padre y el cromosoma Y de la madre, lo que les convierte en hembras.

Por supuesto, los criadores no pueden decir cuántos machos y cuántas hembras conseguirán de un determinado apareamiento, dependerá del azar, aunque siempre son las hembras, con sus cromosomas XY, las que determinan cuál va a ser el sexo de cada polluelo. Extrañamente, en los mamíferos ocurre exactamente lo contrario. Son los machos los que tienen los cromosomas XY y las hembras los cromosomas XX, por tanto son los primeros los que determinan el sexo de su descendencia.

No sólo se decide el sexo de un animal por los genes de los cromosomas, sino también otras características, incluyendo el color. Sin embargo, si algunas de estas características de color están relacionadas con el cromosoma sexual, se consideran factores de color ligados al sexo. En este caso, el color visible está ligado al sexo del animal y en ciertos apareamientos particulares se podrá averiguar el sexo de la descendencia con sólo mirar su color.

En los canarios, la melanina es uno de esos colores heredados ligados al sexo. La melanina comprende los pigmentos negro y marrón, también ligados al sexo por herencia. Para que aparezca el marrón, el canario macho debe tener el doble gen marrón. Si sólo

Canario marrón rojo

hereda un único gen marrón, no parecerá de color marrón pero conservará el marrón en su conformación genética, y por tanto será capaz de pasarlo a su descendencia. Una hembra sólo necesita un solo gen marrón para aparecer marrón exteriormente. Esto significa que no hay hembras de color marrón inherente, es imposible.

Lo anterior también se aplica al resto de hembras pigmentadas, que pueden heredar sólo su propio color externo, a diferencia de los machos pigmentados, que no sólo heredan sus colores externos, sino también los colores invisibles. En otras palabras, las hembras son siempre homocigóticas en relación con sus colores pigmentados pero los machos también pueden ser heterocigóticos con relación a sus colores pigmentados.

Los pájaros pigmentados son canarios que, de una forma u otra, conservan el antepasado del canario verde e incluyen a los ágatas, marrones, isabelas y pasteles.

Están dispuestos en este orden concreto porque aquí surge la cuestión de la dominancia. El color natural es dominante sobre el ágata, el ágata sobre el marrón, el marrón sobre el isabela y el isabela sobre el pastel.

Por supuesto, hay que tener en cuenta esta dominancia para la reproducción. Por ejemplo, un macho homocigótico marrón apareado con una hembra isabela producirá hembras marrones ya que el marrón es dominante sobre el isabela. La descendencia de la hembra marrón es homocigótica, ya que no es posible ninguna hembra marrón heterocigótica, aunque los machos marrones procedentes de este apareamiento llevan el gen isabela y por tanto son heterocigóticos. Esto significa que las hembras sólo pueden pasar el color marrón a su descendencia, pero los machos pueden pasar el marrón o el isabela.

Por tanto, las leyes de la herencia para los canarios marrones son las siguientes:

• Macho marrón x hembra marrón = 100 por ciento descendencia marrón.

• Macho marrón x hembra normal = 50 por ciento machos normal/marrón y 50 por ciento hembras marrón.

• Macho normal/marrón x hembra normal = 25 por ciento machos normal/marrón, 25 por ciento machos normal, 25 por ciento hembras normal y 25 por ciento hembras marrón.

• Macho normal/marrón x hembra marrón = 25 por ciento machos normal/marrón, 25 por ciento machos marrón, 25 por ciento hembras marrón y 25 por ciento hembras normal.

• Macho normal x hembra marrón = 50 por ciento machos normal/marrón y 50 por ciento hembras normal.

Una mirada más atenta a estas leyes indica que los machos normales y las hembras normales son los pájaros que no poseen el factor marrón. Pueden tener cualquier otro color, siempre que no tengan el factor marrón en su conformación genética. En la mayoría de los casos, podemos comprobar si los pájaros poseen el factor marrón, pero nunca hay que olvidar que los pájaros machos pueden poseer el factor marrón en su forma oculta. Por supuesto, si ha mantenido un buen libro de registro, sabrá exactamente qué esperar de sus apareamientos, ya que distinguirá si los machos son normales o divididos. Sin embargo, seleccionar machos al azar y esperar una determinada descendencia, es un proceso completamente aleatorio hasta que los pájaros se conozcan al cabo de varias generaciones.

Con relación a las leyes anteriores, las hembras divididas no se mencionan ya que, por supuesto, no existen. Sólo pueden ser totalmente marrones o nada marrones. Ya se habrá dado cuenta de que las hembras marrones aparecen tres veces en las leyes, pero los machos marrones sólo una vez. Si se incluye la primera ley (marrón x marrón), entonces esta proporción será de 4:2. En la práctica, esto significa que es más fácil criar hembras marrones que machos marrones, ya que las probabilidades en contra se reducen.

Para los canaricultores sin demasiada paciencia, les recomiendo la reproducción con el factor marrón. No necesitan esperar a que los pájaros crezcan totalmente para saber qué sexos tendrán. Si, por ejemplo, aparean un macho marrón con una hembra verde, sabrán por la segunda ley de la herencia, que toda la descendencia marrón estará compuesta por hembras y que toda la descendencia verde estará formada por machos verdes/marrones.

Los machos marrones y las hembras marrones son homocigóticos y sólo pueden transmitir el marrón. La descendencia verde del apareamiento anterior será de machos heterocigóticos ya que pueden transmitir el factor marrón así como su color verde visible.

¿Qué ocurre si el canaricultor revierte el apareamiento y empareja un macho verde con una hembra marrón? De acuerdo con la quinta ley, todos los jóvenes serán verdes, pero los machos se dividirán por marrón. Aunque se han explicado los canarios marrones y verdes, las mismas reglas se aplican naturalmente a los ágatas, isabela y pastel.

Marrón (feuille morte) y marrón amarillo limón (feuille morte jonquille)

Un buen canario marrón tiene que tener una coloración uniforme, con un color del ala lo más parecido posible al del resto del cuerpo y todo ello sobre un fondo amarillo claro. Los efectos rayados muestran una tendencia a aparecer, especialmente en la espalda, pero no conviene fomentar esta tendencia y hay que hacer todo lo posible para eliminarla por medio de una selección estricta. El factor nevado también es muy común, pero no existe ninguna objeción a su aparición (véase más adelante en el texto).

El canario marrón amarillo limón (feuille morte = hoja muerta; jonquille = amarillo verdoso) posee el mismo factor azul que también se percibe en el canario amarillo limón. Actualmente esta variedad no se considera atractiva y ya no es muy popular. Sin embargo, un doble factor amarillo limón puede producir algunos resultados espectaculares. Estos pájaros tienen la cola y las alas de color marrón oscuro con un tono más claro en el vientre. El pecho adquiere un tono marrón verdoso. Se desaprueban las rayas sobre la espalda o en cualquier otro lugar del cuerpo, al igual que el color negro. El pico y las patas son de un marrón más claro. Si se usa un solo factor marrón, la descendencia sacará demasiado verde y no lucirá bien en las exposiciones. El canario amarillo limón con frecuencia se utiliza para mejorar el color y la fuerza del canario azul.

Canarios marrón dorado

El factor doble amarillo intensivo ofrece la oportunidad de criar hermosos pájaros que atraerán la atención en las exposiciones, especialmente si muestran algún factor nevado.

El pecho y el vientre son de un color marrón chocolate claro con matiz dorado. Si se aparea un pájaro marrón máximo con un canario de factor doble amarillo, la descendencia será muy hermosa. El color marrón principal contrastará admirablemente con el color amarillo dorado secundario. El color principal intenso debería usarse en la reproducción ya que se transmite a los jóvenes.

Intensivo y nevado (no intensivo)

Es fácil comprender el significado de la palabra *intensivo* cuando se aplica a la cría del canario, si se utiliza el canario amarillo común como ejemplo. Este pájaro tiene variaciones claramente visibles en sus matices de coloración. El pecho y el dorso, así como la coronilla, tienen generalmente un tono más fuerte y más intenso que las alas, los costados o la cola. Un buen canario amarillo debe tener un color igualmente intenso en todo su cuerpo, que se puede conseguir mediante la introducción del factor doble amarillo para dar a la descendencia más lipocromo. Al examinar uno de los canarios que no están tan uniformemente coloreados, se puede observar que las plumas cortas están más intensivamente coloreadas que las largas. Esto significa que aunque el lipocromo está distribuido de manera uniforme entre las plumas, las plumas largas tienen que repartírselo más que las cortas, con lo que pierden, por tanto, intensidad en el color. La solución a este problema se encuentra en la reproducción de pájaros con plumas más cortas para que los tonos estén distribuidos más uniformemente.

Uno de los peligros de esta cría selectiva es llegar a producir finalmente pájaros muy escasamente emplumados. Por tanto, es necesario seguir un sistema intermedio para obtener los resultados deseados. Un pájaro no intensivo tiene plumas más largas y por tanto dispone de más espacio para la misma cantidad de coloración, lo que da como resultado una ausencia casi total de color en las puntas de las plumas y una total ausencia de color en los ganchos de las bárbulas. Esta coloración especial produce en el pájaro el llamado aspecto nevado.

El pájaro intensivo, por el contrario, tiene plumas más cortas con la misma cantidad de coloración, con lo que consige un amarillo distribuido de manera más uniforme. Es bastante difícil deshacerse del factor nevado, por este motivo muchos criadores explotan esta característica, produciendo pájaros que están uniformemente nevados. Nevado x nevado produce un factor nevado progresivamente más intenso,

EL MILAGRO DE LA GENÉTICA

Canario moñudo

mientras que intensivo x intensivo produce un factor intensivo casi doble. Estos cruces no son aconsejables.

Canarios verdes

El canario verde posee el lipocromo amarillo así como la melanina negra y marrón. Suele presentar un ligero nevado, pero por lo general es aceptable. El rayado de la espalda, sin embargo, no es en absoluto deseable. Los pájaros más atractivos proceden de parejas en las que el factor nevado es mínimo, o de un verde xpizarra o canario verde dorado, que minimizarán el efecto rayado de la espalda. El rayado muy oscuro en la espalda se conoce como pigmento máximo y se puede suavizar con las siguientes leyes de la herencia:

- Pigmento máximo x pigmento máximo = 100 por ciento pigmento máximo.
- Pigmento máximo x pigmento mínimo = 100 por ciento pigmento máximo/mínimo.
- Pigmento máximo x máximo/mínimo = 50 por ciento pigmento máximo y 50 por ciento pigmento máximo/mínimo.
- Máximo/mínimo x máximo/mínimo = 50 por ciento máximo/mínimo, 25 por ciento pigmento máximo, y 25 por ciento pigmento mínimo.
- Pigmento mínimo x pigmento mínimo = 100 por ciento pigmento mínimo.

223

El canario verde dorado es también un pájaro pigmentado que consigue su aspecto de un factor doble amarillo y de un factor doble azul. Su sumamente atractiva descendencia se produce de un cruce de un intensivo normal verde dorado con un verde dorado con un carácter nevado débil. Los siguientes cruces también producen una descendencia atractiva: verde dorado x verde amarillo limón, verde dorado x isabela dorado (también con ágata dorado), y verde dorado x marrón plateado. Se suele realizar el cruce verde dorado x ágata dorado para aumentar la pequeña cantidad de marcado de negro, pero este cruce produce isabelas dorados y ágatas dorados menos perfectos con un factor azul; por tanto, hay que ser muy selectivo para evitar problemas posteriores en esta línea.

El canario verde amarillo limón posee un factor amarillo, lo que permite una mayor libertad de acción al azul. Verde amarillo limón x marrón produce una descendencia muy hermosa.

Canario marrón plateado

El blanco combinado con pigmento produce el factor plata; por tanto, el apareamiento de un blanco dominante o recesivo con melanina negra o marrón producirá el factor plata. El marrón plateado posee un color de base blanco recesivo; el blanco es el mejor color de base.

Los mejores resultados se obtienen del apareamiento de un marrón normal x marrón plateado (preferiblemente con un solo factor amarillo y un factor nevado débil) pero es preciso evitar demasiado verde en la configuración. El popular cruce de marrón plateado xmarrón dorado no se recomienda debido al tono verde resultante que heredan los jóvenes marrón plateados.

Canario azul

Los canarios azules son, en realidad, verdes con el blanco dominante y el factor azul. El factor azul es un color estructural, pero tiene que ser bastante intenso en el canario azul.

El canario amarillo limón depende del factor azul para conseguir el matiz verdoso. Con el blanco dominante, el matiz es mucho más fuerte, de tal forma que el verde combinado con el blanco nos da un canario azul pizarra. Si el factor azul se duplica, el resultado será un azul metálico. El factor nevado debe evitarse porque disminuye el efecto azul. Los mejores canarios azules se producen usando el factor intensivo y evitando la introducción de marrón.

Los buenos apareamientos para la descendencia azul pizarra incluyen el azul pizarra x verde amarillo limón (con sólo una ligera acentuación del factor intensivo y el pigmento mínimo), y el verde amarillo limón x isabela plateado o ágata plateado. Para la descendencia azul metálico, el mejor apareamiento son el azul metálico x verde dorado y el azul metálico x amarillo limón, siendo el primero probablemente el mejor. El canario azul metálico tiene que poseer el factor intensivo, aunque no en exceso. El nevado, por supuesto, tiene que evitarse completamente.

Ágata e Isabela

Estas dos variedades son mutaciones causadas por el llamado factor *diluido* que suaviza el pigmento. Al estar ligado al sexo, este factor implica que sólo los machos pueden ser divididos por ágata o isabela, nunca las hembras. Las leyes de la herencia son las siguientes:

- Macho ágata x hembra ágata = descendencia 100 por ciento ágata.
- Macho isabela x hembra isabela = descendencia 100 por ciento isabela.
- Macho ágata x hembra no ágata = 50 por ciento machos no ágata/ágata y 50 por ciento hembras isabela.
- Macho isabela x hembra no isabela = 50 por ciento machos no isabela/isabela y 50 por ciento hembras isabela.
- Macho no ágata/ágata x hembra ágata = 25 por ciento machos ágata, 25 por ciento hembras ágata, 25 por ciento machos no ágata/ágata y 25 por ciento hembras no ágata.
- Macho no isabela/isabela x hembra isabela = 25 por ciento machos isabela, 25 por ciento hembras isabela, 25 por ciento machos no isabela/isabela y 25 por ciento hembras no isabela.
- Macho no ágata/ágata x hembra no ágata = 25 por ciento machos no ágata/ágata, 25 por ciento machos no ágata, 25 por ciento hembras ágata y 25 por ciento hembras no ágata.
- Macho no isabela/isabela x hembra no isabela = 25 por ciento machos no isabela/isabela, 25 por ciento machos no isabela, 25 por ciento hembras isabela y 25 por ciento hembras no isabela.
- Macho no ágata x hembra ágata = 50 por ciento machos no ágata/ágata y 50 por ciento hembras no ágata.
- Macho no isabela x hembra isabela = 50 por ciento machos no isabela/isabela y 50 por ciento hembras no isabela.

Estas leyes demuestran que el ágata y el isabela se transmiten a la descendencia; las siguientes combinaciones producen resultados peores:

- Macho no ágata/ágata x hembra ágata.
- Macho no isabela/isabela x hembra isabela
- Macho no ágata/ágata x hembra no ágata.
- Macho no isabela/isabela x hembra no isabela.

Estos apareamientos producen machos divididos y que, por tanto, no se pueden distinguir de los ágata o isabela puros, más deseables para la reproducción. Los factores ágata e isabela se pueden introducir en todos los pájaros pigmentados pero, por supuesto, no en los pájaros lipocrómicos.

Los ágatas e isabelas se clasifican en los siguientes grupos:

- Ágatas: ágata amarillo claro (ágata), ágata dorado, ágata amarillo limón, ágata plateado, ágata naranja, ágata naranja rojo, ágata rojo intensivo y ágata rojo nevado.
- Isabelas: isabela amarillo claro (isabela), isabela dorado, isabela amarillo limón, isabela plateado, isabela naranja, isabela naranja rojo, isabela rojo intensivo e isabela rojo nevado.

Ágatas que carecen del factor rojo

Los canarios verdes pigmentados tienen un color amarillo de base, con melanina marrón y negra añadida. Si se introduce el factor ágata, se produce el canario ágata (ágata amarillo claro). Un buen espécimen de esta variedad tiene un color de base amarillo claro, cubierto con un gris ceniza; no debe haber ningún color marrón, pero se permite el factor nevado. Los mejores resultados proceden de aparear un ágata con un factor intensivo débil y un color de base amarillo claro con el isabela con un factor intensivo débil y un color de base amarillo claro. Cuando la descendencia recibe el factor diluido de ambos padres, tendrán un hermoso tono claro. El efecto rayado debería ser el menos posible, por este motivo debe evitarse el apareamiento de ágata con ágata.

Un buen ágata dorado posee un factor doble amarillo y una ausencia de nevado. Se puede introducir una ligera tendencia intensiva para conservar las plumas cortas y de buen color. El ágata dorado x isabela dorado producirán los mejores resultados.

Los ágatas amarillo limón deberían estar uniformemente coloreados, lo que se puede conseguir mediante el factor azul. Debería ser gris claro, sin rastro de marrón. El uso de un factor intensivo moderado es mejor para esta variedad. Los mejores resultados se producen de la combinación ágata amarillo limón x isabela amarillo limón.

Los ágatas plateados aparecen al aparear ágata y azul pizarra o azul metálico, y el color real de la variedad está fuertemente influido por el factor azul. Hay dos posibilidades: gris plomo (un factor azul o sin factor azul) y gris perla (doble factor azul). No debería haber rastro alguno de marrón.

Se produce una hermosa descendencia con la combinación ágata plateado x isabela plateado. El primero debería tener un pigmento mínimo para conseguir los mejores resultados.

Isabelas que carecen del factor rojo

El isabela normal (amarillo claro) debería mostrar un mínimo de efecto de rayas, que deben ser estrechas y cortas. El color canela se impone sobre una base amarillo claro. Al introducir una débil tendencia del factor nevado, se producen algunos pájaros excelentes. El isabela amarillo limón, que posee un tono azulado, con frecuencia se emplea con los isabelas para aumentar el color de las plumas de las alas.

Un isabela dorado no debería mostrar rayas si se reserva para las exposiciones. Un buen espécimen posee un ligero factor intensivo, que acorta las plumas y profundiza el color. Se debería utilizar un doble factor amarillo para conseguir los mejores resultados, y preferiblemente hay que evitar el factor nevado. Un apareamiento de ágata dorado y de isabela dorado también produce una hermosa descendencia, siempre que ambos padres tengan un mínimo de factor intensivo claro.

El isabela plateado tiene el pecho y los costados de un hermoso color gris plata claro y una espalda más oscura en la que no destacan demasiadas rayas. El factor azul no debe usarse para evitar los matices verdosos. Una descendencia verdaderamente hermosa se puede producir apareando un isabela plateado con un factor intensivo ligero y un ágata con un solo factor amarillo.

El cardenalito de Venezuela, que fue primitivamente un pájaro rojo con cabeza negra, es uno de los pocos pájaros que se pueden cruzar actualmente con el canario macho para producir la coloración de factor rojo

El factor rojo

El factor rojo se introdujo en el canario al aparearlo con el cardenalito de Venezuela, un pájaro que por naturaleza tiene el rojo en su plumaje. Esta coloración roja es un tipo de lipocromo que posee algunas cualidades en común con el lipocromo amarillo del canario. El factor rojo se puede usar como color de base para los canarios pigmentados o para determinar la coloración de los canarios lipocrómicos.

Bronce naranja rojo y Bronce naranja rojo nevado (no intensivo)

Son pájaros verde bronce con un color de base naranja rojo (intensivo), que produce un color bronce amarillento. El verde bronce intensivo x verde bronce (ambos con un buen color de base naranja rojo) probablemente sea el mejor apareamiento. El apareamiento de padres con un factor nevado bastante intenso producirá descendencia bronce naranja rojo nevado.

Bronce rojo y Bronce rojo nevado

La mejor descendencia se produce apareando un bronce rojo con bronce rojo nevado. El color de base es rojo profundo intensivo. El bronce rojo nevado posee un factor nevado ligero, que lo hace algo más apagado en la espalda.

Marrón naranja y Marrón naranja nevado

El marrón naranja se produce de una combinación de marrón y de naranja intensivo pero sólo se considera aceptable si tiene plumas cortas y no hay ningún factor nevado presente. El marrón naranja intensivo x marrón naranja ligeramente nevado producirá los mejores resultados. El marrón naranja nevado difiere del marrón naranja en que tiene plumas más largas y el factor nevado normal. Los mejores resultados se obtienen al aparear un marrón naranja ligeramente nevado con un marrón naranja ligeramente nevado.

Marrón rojo naranja y Marrón rojo naranja nevado

El marrón rojo naranja tiene un tono de base marrón naranja intensivo y el color primario es marrón. El dibujo de rayas está presente pero debe mantenerse al mínimo. Los mejores resultados se logran de un marrón rojo naranja con un ligero factor nevado x marrón rojo naranja con factor intensivo ligero.

El marrón rojo naranja nevado posee un moderado factor nevado que debe distribuirse de manera uniforme por todo el plumaje. Los mejores resultados para esta variedad se obtienen de cruzar un marrón rojo naranja con ligero factor nevado con un pájaro similar.

Ágata naranja y Ágata naranja nevado

Para producir la primera variedad, se comienza con un pájaro que tenga un uniforme tono de base naranja, plumas cortas y un factor intensivo no demasiado fuerte, así como ningún factor nevado. Por tanto, un cruce entre un ágata naranja con factor intensivo moderado y un isabela naranja con factor nevado débil producirá la mejor descendencia ágata naranja. La variedad nevada tiene plumas más largas y requiere que ambos padres posean el factor nevado.

Ágata rojo naranja y Ágata rojo naranja nevado

Esta variedad tiene un color de base rojo naranja uniforme. Sólo debería mostrar una limitada cantidad de rayas, y no es nada deseable la aparición del color marrón en la espalda y en el pecho. Debe poseer el marcado de ágata en los costados. En la variedad nevada, el factor nevado está uniformemente distribuido. La mejor descendencia se produce de un ágata naranja con un factor intensivo moderado, apareado con un isabela rojo naranja. Ambos padres deben poseer un ligero factor nevado para la variedad nevada.

Ágata rojo y Ágata rojo nevado

Un buen espécimen de ágata rojo tendrá un tono de base rojo uniforme con ágata. Las alas y la espalda están intensamente coloreadas y no presentan ningún tono marrón. Los mejores resultados se obtienen del isabela rojo x ágata rojo, preferiblemente cuando un padre posee un factor intensivo no demasiado acentuado y el otro, un factor nevado débil. Para los especímenes nevados, ambos padres deben poseer un factor nevado débil.

Isabela naranja e Isabela naranja nevado

El tono base del isabela naranja es el naranja solapado con un factor isabela débil. Sus plumas son bastante pequeñas ya que posee un factor intensivo débil. El color naranja debería estar lo más uniformemente distribuido sin que se observase ninguna zona más pálida en su plumaje. El pigmento debe ser claramente visible, sin embargo, el marrón no. Un isabela naranja intensivo bastante débil cruzado con un ágata naranja con un pequeño grado de nevado produce una descendencia bastante buena. Como es habitual, la variedad nevada necesita que ambos padres posean un ligero factor nevado.

Isabela rojo naranja e Isabela rojo naranja nevado

Los dos requerimientos más importantes para el isabela rojo naranja son un mínimo de pigmento y un hermoso tono de base rojo naranja, sin áreas demasiado coloreadas ni demasiado pálidas. Deben mostrar un claro, pero muy fino, dibujo de rayas en la espalda. Las plumas más cortas son resultado del factor intensivo ligeramente débil. El marrón debe estar totalmente ausente y no son deseables las áreas pálidas.

Los mejores isabelas rojo naranja se producen al aparecer un isabela rojo naranja con factor intensivo ligeramente débil y una hembra ágata roja naranja con un ligero factor nevado. En la variedad nevada ambos padres deben poseer un factor nevado muy ligero.

Isabela rojo e Isabela rojo nevado

El color rojo tiene que estar distribuido de manera uniforme, y no son deseables la presencia de matices de marrón o áreas pálidas. Aunque debería mostrar un mínimo de isabela, debe ser fácilmente visible. Los mejores isabelas rojos se producen por un cruce de isabela rojo intensivo bastante ligero con un ágata rojo ligeramente nevado, o a la inversa. En los pájaros nevados ambos padres deben tener un ligero factor nevado.

Albaricoque (Apricot)

Existen dos tipos de albaricoque o apricot: el rojo anaranjado con factor nevado y el lipocrómico rojo, que también posee un factor nevado que puede llegar al albaricoque. Sin embargo, un nevado excesivo reduce la calidad del color blanco y hace que las plumas sean demasiado largas. Los mejores albaricoque proceden de los cruces de rojo intensivo (o rojo anaranjado) con el rojo anaranjado (o rojo) con un factor nevado ligero.

Naranja intensivo

No se permite ningún factor nevado en el naranja intensivo, y el factor intensivo también tiene que ser débil. Distribuido uniformemente sobre el cuerpo, el color naranja se ve muy bien sobre las plumas cortas. No se permiten las zonas pálidas en el cuerpo ni en las extremidades, ni tampoco el factor azul. La mejor descendencia resulta de un naranja intensivo normal x pájaro débilmente nevado.

Rojo anaranjado intensivo

Es difícil pero muy deseable eliminar el marrón del plumaje de esta variedad. Las plumas pálidas también constituyen un problema. El color rojo anaranjado debe estar uniformemente distribuido. Los mejores jóvenes se producen del naranja rojo x naranja rojo con un factor nevado débil.

Rojo

No debería haber ningún tono de base amarillo en el canario rojo, a la vez que el rojo debe estar uniformemente distribuido. Las zonas pálidas son poco deseables, al igual que el nevado y el factor azul. Los apareamientos más satisfactorios son rojo intensivo x rojo con un factor nevado débil.

Canarios dimórficos

El cardenalito de Venezuela contribuyó al carácter dimórfico de los canarios de color y también introdujo el fenómeno del dimorfismo sexual en los canarios.

El dimorfismo consiste en las diferencia que presentan el macho y la hembra en su aspecto exterior, por ejemplo, la gran diferencia visual entre un pavo real macho y un pavo real hembra. El factor dimórfico está ligado al sexo, pero las características de este factor sólo se vuelven visibles después de la primera muda. Las mejores leyes de la herencia aplicadas al dimorfismo son las siguientes:

- Dimórfico (o no dimórfico/dimórfico) x dimórfico
- Dimórfico x albaricoque
- Dimórfico x rojo naranja nevado
- Dimórfico x rojo nevado

En los últimos ejemplos, puede aparecer la herencia ligada al sexo, por tanto es mejor utilizar los apareamientos inversos (por ejemplo, rojo nevado x dimórfico).

Dimórfico pigmentado: Es posible introducir el factor dimórfico en todas las variedades pigmentadas.

Sin embargo, es mejor seguir la combinación siguiente: dimórfico (o dimórfico pigmentado) x dimórfico pigmentado. Para obtener el pigmentado dimórfico, se utiliza el dimórfico pigmentado x dimórfico lipocrómico. Entre las variedades con mejores colores se incluyen el bronce dimórfico, el ágata dimórfico, el isabela dimórfico y el marrón dimórfico.

El factor pastel

El factor pastel reduce la intensidad del pigmento, particularmente la melanina negra. A veces se le conoce como factor *diluido*. Se puede introducir en los pájaros pigmentados, siempre que posean el lipocromo rojo o amarillo.

Un canario verde con una primera reducción o factor diluido es un canario ágata. Si recibe un segundo factor de reducción, resultará un pastel verde. La diferencia entre estos dos pájaros se encuentra en que el ágata verde parece del color de la turba quemada, debido a una reducción de la melanina marrón; sin embargo, el pastel verde recibe un segundo factor de reducción que afecta principalmente al pigmento negro, reduciendo la cantidad de melanina y extendiéndola. Como resultado, la formación de algún efecto de rayas (que está causado sobre todo por la melanina negra en los canarios pigmentados) está mucho más limitada. Se reduce por tanto, el color del canario verde y tiende a volverse amarronado.

El pastel ágata se produce al recibir un segundo factor de reducción además del factor de reducción del ágata. El pastel isabela se produce de forma similar, mientras que el pastel marrón presenta un marrón mucho más reducido debido también a la reducción de la melanina marrón.

En el canario pastel, el lipocromo de base no cambia y el color pastel es el resultado de la combinación del lipocromo y del pigmento reducido. Este proceso se puede comparar a las mezcas realizadas a partir de una caja de acuarelas; si el marrón se mezcla con el blanco, el resultado es el beige y si se añade un poco de rojo, se origina un beige rojizo.

El color de pigmento reducido es agrisado en los pasteles verdes; con los pasteles ágata es un gris azulado, con los pasteles marrón es beige, y con los pasteles isabela es un beige muy claro.

El factor marfil

Esta mutación surgió alrededor de 1950 y provocó un cambio en la estructura de las plumas al aumentar el espesor de la capa de queratina de los bordes. Estos pequeños ganchos, que se sujetan a las bárbulas, están desprovistos de color. En los canarios normales, el lipocromo amarillo está localizado tanto en las bárbulas como en los microscópicos ganchos, pero en el canario marfil sólo aparece en las bárbulas, reduciendo por tanto la intensidad del color. Además, la capa más espesa de queratina reduce la visibilidad del color, dando la impresión de un tono marfil.

El factor marfil aparece tanto en los pájaros amarillo claro como amarillo oscuro y puede variar de tonalidad. También se puede introducir en los canarios pigmentados así como en los lipocrómicos, aunque en los primeros, el pigmento no desempeña ningún papel en la determinación del color del marfil. El factor marfil está ligado al sexo; en otras palabras, no hay ninguna hembra no marfil dividida por marfil, sólo machos. El factor marfil sólo aparece de forma visible en las hembras.

El factor ópalo

Los ópalos son piedras semipreciosas con una apariencia blanca, lechosa y translúcida, a través de la cual pueden brillar muchos colores. Estos colores lanzan destellos desde el interior de la piedra.

A una determinada mutación, que tuvo lugar por primera vez en Alemania en 1949, su criador le dio el nombre de ópalo mucho antes de que se reconociera como tal. En realidad pasó mucho tiempo antes de que los jueces de exposiciones aceptaran el ópalo como

Ópalo o ágata recesivo

una variedad en sí misma y sólo después de una intensa crianza selectiva que refinó el color. De hecho, los buenos canarios ópalos todavía siguen siendo muy escasos.

El ópalo es una mutación muy interesante a la que se le augura un excelente futuro en la canaricultura. Surgió por un cambio en la disposición de las barbas de las plumas. Si se observa una sección de una barba bajo una lupa de gran aumento, se puede ver que tiene cuatro capas. La exterior es una capa córnea que encierra el córtex, que tiene un núcleo, encerrado a su vez por una pared transparente.

Normalmente, la melanina, los pigmentos negros y marrones, se encuentran en el córtex y sobre todo en el lado exterior, con lo que la pluma es más oscura en el exterior que en el interior. Los canarios con factor azul tienen melanina también en el núcleo.

En el canario ópalo, puede aparecer algo de melanina en el núcleo, pero el resto se «revierte». Se encuentra sobre todo dentro del córtex, lo que da como resultado que las plumas de un canario ópalo sean más oscuras en el interior que en el exterior. La luz que llega desde arriba alcanza los pigmentos más oscuros del interior de las plumas, reflejando los colores como si se vieran a través de un vidrio lechoso, igual que la piedra ópalo.

Con un pigmento liso en la variedad ópalo, el color aparece como gris azulado ya que la mayor parte de la luz se absorbe. Las ondas de luz azules se distribuyen a través de las paredes y consiguen que el color sea gris azulado.

La absorción de la luz en el núcleo y en la parte interior del córtex es tan intensa en el canario ópalo que el pigmento marrón deja de ser visible, por lo que el ópalo a veces se conoce como un «inhibidor del marrón». La inhibición del marrón es tan fuerte que los pasteles e isabelas con factor ópalo apenas muestran algún pigmento en sus plumas. Incluso el ópalo marrón prácticamente no muestra ningún pigmento y no presenta ningún dibujo de rayas. Los ópalos marrones son de color beige con matiz azulado debido a la presencia del factor azul. Todo esto significa, por supuesto, que los pájaros de factor ópalo con la melanina más negra exhibirán el pigmento más intenso en sus plumas. Si se compara un canario verde dorado con un ópalo verde dorado, este último muestra un color más intenso y más azul que el primero.

Los lipocromos amarillo y rojo se emplean normalmente en los canarios ópalos ya que no influyen en el núcleo de las barbas, sólo en el córtex.

Para la reproducción del factor marfil, se introducen los factores que inhiben y debilitan el pigmento marrón. Si se utiliza esta combinación con el de factor rojo, se produce un canario rojo con un evidente factor azul; es decir, un color rojo violeta, que tiene muy buenas posibilidades en el futuro cuando los secretos del factor ópalo se hayan investigado con más profundidad.

El primer requerimiento de los ópalos es que el factor ópalo tiene que ser claramente visible. En la práctica, los ópalos prácticamente carecen del factor negro o del marrón. Los ópalos con un color de base blanco producen el ópalo azul; con un color de base amarillo producen el dorado. Los ópalos son recesivos por herencia, es decir, el color sólo es visible si el joven hereda el factor de ambos padres. Por tanto, los ópalos se pueden producir a partir de dos canarios no ópalo/ópalo.

Los ópalos deben tener pigmento en el factor azul visible y mostrar el menor factor nevado posible.

Los inos

Jean Hervieux, en un libro aparecido en 1712, ya menciona los canarios blancos con ojos rojos, probablemente albinos. F. Van Wickede también menciona a los canarios albinos en un libro publicado en 1795, de los que afirma que eran pájaros débiles.

Es un hecho que los canarios albinos aparecieron varias veces a lo largo de los años, pero han vuelto a desaparecer, probablemente porque son demasiado delicados. En un albino auténtico, el pigmento debe estar totalmente ausente, no como en el canario blanco, que todavía posee pigmento, como se puede comprobar por sus ojos oscuros y por el color de las patas. Los auténticos albinos tienen ojos rojos de aspecto fiero, debido a que la sangre se transparenta por la ausencia de pigmento.

El canario albino que se conoce en nuestros días no es un auténtico albino, y existe cierta confusión en la canaricultura con relación a este pájaro. Por supuesto, es un placer criar a un pájaro como éste, pero hay cierto desacuerdo con respecto a su nombre. Quizá esta cuestión se resuelva si no se piensa que se trata del mismo caso de los periquitos, con albinos, lutinos y rubinos inherentes ligados al sexo. Pero entonces la cuestión que continúa planteándose es cómo hay que tratar a los pájaros pigmentados de ojos rojos.

El término *ino* surgió en Bélgica para describir el factor ojos rojos. Es comprensible que ponga sobre el tapete la cuestión de los albinos, y la discusión puede incluir al ino blanco, el ino amarillo, el ino rojo, el ino isabela dorado, el ino ágata plateado, etc. Para los pájaros no pigmentados, se siguen utilizando los nombres albino, lutino y rubino.

No se sabe quién crió a los primeros inos, pero lo cierto es que surgieron en Bélgica, donde fueron desarrollados por varios criadores, probablemente alrededor de 1964. Tampoco está definido si los primeros inos surgieron de un isabela dorado x isabela dorado. Sin embargo, los inos están aquí y aquí se van a quedar, sea cual sea el lugar de donde procedan.

La circunstancia de que muchos de estos inos pertenecen al grupo pigmentado demuestra que los inos no están necesariamente influidos por el factor albino. Los llamados canarios albino y lutino no tienen que relacionarse con los lutinos y albinos inherentes ligados al sexo tal como se conocen entre los periquitos. El factor ino en los canarios es un factor especial, no relacionado con el albinismo. Tampoco hay que pensar en un factor hereditario ligado al sexo, sino en un factor recesivo no relacionado. Al igual que el ópalo y los canarios blancos recesivos, la madre y el padre tienen que transmitir el factor ino a la descendencia para que éstos sean inos. Las leyes de la herencia para los canarios inos son:

• Ino x ino = 100 por ciento ino.

• Ino x no ino = 100 por ciento no ino/ino.

• Ino x no ino/ino = 50 por ciento ino y 50 por ciento no ino/ino.

- No ino/ino x no ino/ino = 25 por ciento no ino, 25 por ciento ino y 50 por ciento no ino/ino.

Como se puede comprobar, las leyes son muy sencillas y con un ino y una pareja de no ino/inos se pueden conseguir interesantes resultados.

Con el grupo lipocrómico de canarios no hay ninguna posibilidad. Se puede introducir el factor ino en lipocrómicos blanco, amarillo y rojo para producir albinos, lutinos y rubinos. Este último es un nuevo nombre que deriva de rubí (por tanto, rojo rubí).

Feos

Estos pájaros no muestran un patrón rayado en la espalda ni plumas más oscuras. La feomelanina de los bordes de las plumas forma una cuadrícula en la espalda; cuanto más intenso sea el marrón, más oscuro será el dibujo. Los ojos de estos pájaros son rojo rubí.

El satiné

Esta mutación relativamente reciente posee marcas más o menos obvias en la espalda y en los costados. El pigmento no se ha desarrollado en los bordes de las plumas, que son blancos. El lizard, el canario de color entre todos los canarios de forma, posee un atractivo patrón cuadriculado que se puede comparar con las escamas de un lagarto. Los criadores comerciales han apareado el lizard con el satiné para producir un nuevo color: el canario perlado. El número de posibilidades es casi infinito.

Posibles cruces con los pajaros canoros silvestres

A continuación se enumeran algunos cruces potenciales entre los canarios y otras especies. La mayoría de la descendencia estará compuesta por híbridos infértiles, pero se pueden producir algunos pájaros con bellos colores.

Canario x verderón

Verderón x canario

Pardillo x canario

Cardenalito x canario

Jilguero x canario

Escribano cerillo x canario

Pinzón alario x canario (especialmente blanco dominante)

Cardenalito de Venezuela x canario

Cardenalito de cabeza negra x canario

Canario del cabo x canario (especialmente con ágata dorado)

Canario europeo x canario (Gloster corona)

Verderón x canario (Gloster)

Gorrión rojo mejicano x canario (Yorkshire)

Cardenalito de Mozambique x canario (especialmente el blanco dominante)

CANARIOS DE CANTO

Prácticamente todos los pájaros cantan o al menos poseen una voz, y no existe una verdadera distinción entre el canto (para atraer a una pareja, mantener la unión y el territorio, estimular el comportamiento reproductor, etc.) y el grito (por angustia, agresión, intimidación, etc.). En la mayoría de los casos, una canción de un pájaro se distingue de otras manifestaciones vocales por su complejidad en el número y en la combinación de notas.

Las circunstancias que hacen cantar a un pájaro están más o menos en correlación con el ciclo reproductivo. El aparato vocal de un pájaro no está situado en la parte superior de la tráquea como en los humanos, sino en un lugar más profundo, en una cavidad pectoral situada en el punto donde la tráquea se divide en dos bronquios. La pared interior del aparato vocal (o siringe) lleva cierto número de membranas que vibran con la expulsión de aire de los pulmones, produciendo por tanto el sonido, que varía espectacularmente de una especie de pájaro a otra. El canal del aire en la siringe varía en tamaño al abrirse y cerrarse mediante la acción de unos músculos especiales. La siringe suele ser diferente en los dos sexos y, en la mayoría de los casos, el pájaro macho tiene un repertorio de canciones mucho más amplio que la hembra, aunque en los pájaros con canciones monótonas (los cuervos, por ejemplo), la siringe es similar en ambos sexos.

La calidad del sonido depende no sólo de la estructura y de la capacidad de la siringe sino también del estado de ánimo, que puede verse influido por las condiciones ambientales. Cada pájaro tiene necesitad de cantar su propia «canción típica», pero los jóvenes ruiseñores a los que se les permite crecer con otros pájaros cantores imitarán el canto de sus parientes adoptivos. Sin embargo, si se crían entre otras clases de pájaros cantores, entre los que se incluyan ruiseñores, preferirán aprender el canto de éstos.

La longitud de la tráquea varía enormemente de unas especies a otras; el número de anillos cartilaginosos traqueales de un ave de rapiña, por ejemplo, es de 30, comparado con los 350 de un flamenco. La tráquea es incluso más larga que el cuello y puede llegar al esternón. La estructura de la siringe desempeña un importante papel en la clasificación de los pájaros, y los llamados paseriformes o pájaros canoros (entre los que se incluyen el canario y casi la mitad de las aproximadamente 8.700 especies de pájaros del mundo) poseen un tipo avanzado de siringe traqueobronquial que funciona gracias a siete pares de músculos especiales.

Atraídos por la calidad del canto del canario, su habilidad para la imitación y la facilidad con la que se le puede criar, los alemanes de los montes Harz y de la provincia de Sajonia explotaron el talento natural de estos pájaros. Se fabricaron incluso instrumentos musicales automáticos que imitaban la voz del canario, y que se hacían funcionar continuamente ante los jóvenes machos hasta que ellos también dominaban el canto. Estos criadores de canarios pronto se dieron cuenta de que cada pájaro poseía un talento propio, y también un tono particular. Los pájaros con los tonos más suaves y musicales fueron criados de forma selectiva para producir machos que cantasen aún mejor. Los mejores canarios de canto se emplearon para instruir a los machos jóvenes, con objeto de que su talento se pudiera emplear en estas dos formas. En efecto, algunos de los pájaros se vendieron exclusivamente como maestros, otros como cantores.

El profesor Van der Plank, de la Universidad Estatal de Utrecht, en Holanda, fue uno de los primeros en defender claramente la posibilidad de que se heredaran las características del canto entre los canarios:

«El talento para cantar del canario es heredado, aunque hay otros factores, como la estructura anatómica individual de los órganos respiratorios y del esófago, que también pueden influir en la calidad del sonido.

»También se puede mencionar una inherente "inteligencia para el canto" que poseen los canarios. A este respecto, el canario está dotado de entendimiento. La necesidad de cantar o el ardor canoro también es inherente».

Con respecto a la anatomía del aparato vocal, la longitud de las cuerdas vocales, la anchura de las cuerdas vocales, la elasticidad de la conexión con el esófago principal, el diámetro de la cavidad pectoral y la forma y el perímetro de los pulmones y el buche, todo ello tiene una relación directa con los factores heredados, mientras que el tipo de notas y tonos tienen una relación indirecta.

Los sonidos emitidos por un canario «ordinario» proceden obviamente del órgano de vocalización, la siringe, aunque no son de la calidad deseada, a pesar de que este pájaro pueda reproducir estrofas o *tours* completos de una adecuada longitud y de un orden armonioso y se pueda considerar que posee inteligencia para el canto. Los canarios que sólo cantan tres o cuatro tours, y que suelen emitir agudos tonos aflautados como los rulos de timbre (bell rolls) fallan tanto de la necesaria estructura orgánica como de la inteligencia. Un pájaro cantor de primera clase tiene que combinar un buen órgano vocal para cantar (siringe) con la suficiente cantidad de inteligencia.

Ambos factores se heredan y son fundamentales para la cría de buenos canarios cantores. Por desgracia, la estructura de los órganos internos del pájaro no es visible, por tanto es imposible saber si un pájaro posee o no una buena estructura del órgano vocal para cantar, con sólo mirarle. Sin embargo, esto no constituye necesariamente un obstáculo para preparar una línea de canarios de canto, sino más bien una dificultad de tipo técnico, ya que el canario hembra no nos puede ofrecer ninguna indicación de lo buenos que son sus factores de canto. Sólo se pueden descubrir después de que los pájaros hayan tenido polluelos.

Entrenamiento de los jovenes canarios de canto

No es difícil criar canarios, pero producir espléndidos canarios de canto que puedan llegar a ser ganadores de premios es una cuestión de conocimientos, dedicación y entusiasmo continuo. Si no se tienen mayores exigencias con relación a la calidad del canto del canario, todo resultará bastante más sencillo, ya que cualquier canario macho es capaz de cantar, lo que puede ser suficiente para satisfacer a su propietario.

Los canaricultores y criadores de canarios de canto, sin embargo, consideran el talento canoro de sus pájaros de la mayor importancia y lo desarrollan al máximo en sus líneas de sangre, ya se trate de Harz, roller o waterslager. Y tienen que dedicar gran parte de su tiempo libre para conseguirlo.

Cada joven macho tiene que ser entrenado antes de que pueda llegar a convertirse en un útil pájaro de canto. El entrenamiento comienza en el nido y continúa en la jaula de canto.

La regla más importante que hay que seguir al comienzo del entrenamiento es la separación de los sexos; los jóvenes machos tienen que ser colocados en una jaula o pajarera separada con objeto de que su canto no sea molestado por las hembras. Para un buen desarrollo del canto, hay que alojar a los pájaros en un lugar donde no puedan escuchar a las hembras. Pero no todo el mundo dispone del suficiente espacio para ello. En este caso el canaricultor puede dividir la pajarera en tres zonas: una para los machos jóvenes, otra para las hembras jóvenes y otra para las hembras viejas de cría.

Algunos machos viejos muy buenos se emplean como pájaros de entrenamiento para los machos jóvenes. Al principio, los machos jóvenes nos ofrecerán una auténtica cascada de sonidos cacofónicos plagados de rulos y flautas breves e inconexos, en los que el criador experimentado quizá no sea capaz de reconocer ni un sencillo tour. (Un *tour* se define como una serie completa de rulos y flautas unidos por transiciones armónicas.) Los pájaros jóvenes no están cantando todo el día, ello depende de circunstancias tales como la posición de la pajarera, la luz del sol, el tipo de raza a la que pertenecen, etc. En general, los períodos de canto se encuentran entre las 8 a 10 horas de la mañana y las 13 a 17 horas de la tarde.

Para evitar que los pájaros se estorben entre sí durante el canto, conviene colocar una percha de estudio en la pajarera de canto. Esta percha consiste en disponer verticalmente varios tablones cortos de madera de igual tamaño, separados unos 15 cm y a través de los cuales pasa una percha de 1,5 cm; las tablas se fijan al techo de la pajarera, formando varios compartimentos lo suficientemente grandes para que el pájaro quepa cómodamente y que a la vez no vea a su vecino. También se puede utilizar como percha para dormir.

El maestro

En la mayoría de los casos, a los jóvenes cantores les enseña un canario cantor adulto llamado «maestro», que se introduce o bien en la misma jaula con los machos jóvenes o en una jaula situada cerca de la tela metálica de la pajarera.

Cuando canta el maestro, los machos jóvenes le imitan e intentan ser tan buenos como él, si no mejores. Sin embargo, es preferible no tener maestro antes que tener uno malo, ya que en este caso los jóvenes machos cantarán de forma desastrosa.

No todos los jóvenes machos poseen talentos similares. Algunos emiten sonidos demasiado estridentes y desafinados, otros no son capaces de aprender todos los tours. El canaricultor experimentado deberá retirar a los pájaros que no sirvan, tan pronto como los detecte, hasta que sólo queden en la jaula los mejores. Un canario maestro debe ser de la misma raza que sus pupilos, es decir: waterslager con waterslager, Harz con Harz, etc.

Es mejor oscurecer el «aula de clase» lo más posible para que los pájaros se puedan concentrar en imitar los cantos. Al igual que los niños, los canarios jóvenes se distraen con facilidad y pueden dedicarse a «hacer el tonto» en lugar de concentrarse en sus «lecciones». Sin embargo, no siempre se recomienda la oscuridad total, ya

Percha de canto

que los jóvenes pájaros deben disfrutar al máximo de su libertad, así como volar y juguetear todo lo que puedan. El profesor tampoco debe utilizar tonos malos (o «decir tacos»), ya que los canarios jóvenes, al igual que los niños, los aprenden y los repiten a la menor oportunidad.

Si no dispone de un maestro de canto excelente y de primera fila, hay que probar entonces a cumplir nuestro objetivo sin él. El canto es una característica heredada que no necesita necesariamente que un maestro la enseñe. Muchos canaricultores poseen pájaros que han ganado premios de canto sin haber sido enseñados por un maestro.

Los pájaros jóvenes que comienzan a interpretar canciones completas con el pico casi cerrado y el buche hinchado se convierten en los líderes cantores, y los demás pájaros les imitan, pero si tienen defectos, hay que separarlos para que los demás pájaros no copien sus defectos. El talento heredado de los otros pájaros se puede desarrollar ya sin más estorbos, y quizá conduzca a inesperados y excelentes resultados.

Esta clase de entrenamiento requiere que el canaricultor esté familiarizado con el buen canto. Para ello se pueden adquirir grabaciones de buenos Harz, roller y waterslager en los proveedores especializados, que resultan muy útiles. A través de la escucha atenta y frecuente, el canaricultor pronto será capaz de distinguir a un buen pájaro cantor.

Los pájaros que cantan con un pico muy abierto, que repetidamente interrumpen su canción y que casi siempre comienzan con tours y notas muy agudas son prácticamente inútiles como pájaros de canto. Hay que separarlos cuanto antes de los demás pájaros para que no afecten al canto de los demás.

La jaula de canto

Tan pronto como los machos jóvenes finalizan la primera muda, deben ser instalados en la jaula de canto, aunque no se puede especificar el tiempo ideal en que conviene hacerlo, porque las condiciones ambientales, y por tanto la muda, varían de un lugar a otro. Si se introducen demasiado pronto en la jaula de canto, el macho se dedicará a una muda completa (que debería tener lugar durante el siguiente verano) y no comenzará a cantar. Antes de alojar en la jaula a los machos jóvenes, examine atentamente a cada uno de ellos. Tome en la mano a cada pájaro y sople las plumas hacia fuera, y si observa que hay plumas sin desarrollar, entonces es demasiado pronto para enjaularlo.

Todo canaricultor que desee tomar parte en las exposiciones de pájaros deberá disponer de una o más cajas o maletas adecuadas, con varios departamentos para las jaulas de canto. En determinados momentos, la parte frontal se debe poder cerrar con cortinas oscuras, generalmente verdes, para que los pájaros pasen varias horas al día en un ambiente oscuro.

Hay que limpiar las jaulas a conciencia y situar las perchas de tal forma que los pájaros tengan fácil acceso a los comederos y bebederos. Los comederos y bebederos también deben ser fáciles de rellenar y no deben estar situados en una posición elevada en la jaula. Hay que disponer la percha de tal forma que la cola del pájaro no toque el suelo o las paredes. Los pájaros jóvenes no deben estar situados aleatoriamente en la jaula de canto; por el contrario, todos los miembros de la misma familia, incluyendo el padre (o maestro), deben estar cerca unos de otros.

Hay que asegurarse de que los pájaros comen y beben convenientemente durante el primer día. Durante los primeros días, mientras los pájaros jóvenes se están acostumbrando a su nuevo entorno, no se colocan todavía los paneles deslizables entre las jaulas. Sin embargo, tan pronto como comiencen a probar sus voces, hay que colocar los paneles deslizables en su posición para que cada pájaro esté fuera de la vista del vecino.

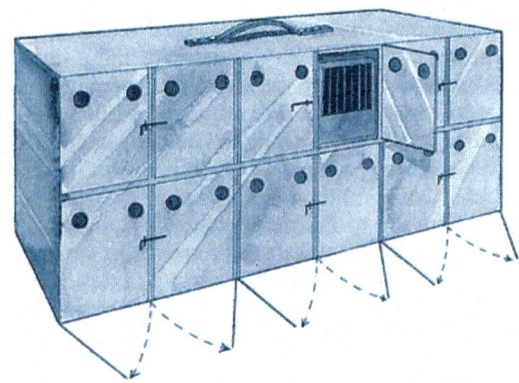

Jaulas de canto en una maleta, listas para la exposición

Hay que tomar el número de la anilla de cada pájaro cuando se le introduce en su jaula de canto y anotarlo en algún lugar de la misma. Este procedimiento facilita, por ejemplo, el proceso de elaborar las relaciones familiares. El paso de la jaula de cría a la jaula de canto puede resultar traumática para los pájaros y les puede disgustar durante cierto tiempo. Algunos llegan a perder el apetito; en estos casos un trozo de pan humedecido en agua les puede ayudar a «volver a sus orígenes». Muchos criadores de canarios de canto alimentan a sus pájaros durante este tiempo con nabina, un poco de alpiste y un poco de avena cada día, complementado todo ello, dos o tres días a la semana, con un plato de varias semillas mezcladas o alguna mezcla comercial. No hay que olvidar ofrecerles algo de fruta o de verdura.

Tan pronto como los pájaros se alimenten adecuadamente y se hayan acostumbrado a sus nuevas jaulas, por lo general al cabo de una semana, se cierran las cortinas o las puertas de la jaula de canto durante unas pocas horas al día. El período de oscuridad se prolonga un poco cada día hasta que los pájaros sólo disfruten de luz cuando vayan a comer, es decir, tres veces al día; por supuesto, los pájaros tienen que poder localizar la comida y bebida en la jaula oscurecida ya que no deberían estar totalmente a oscuras, sino sólo en penumbra. La oscuridad sirve para mantener a los pájaros protegidos de las distracciones y para que se concentren en su práctica de canto. De esta forma los pájaros con cantos defectuosos se detectan y se sustituyen rápidamente para poder concentrarse sólo en los buenos cantores.

Cuando el canto alcanza una cierta etapa, se colocan en una mesa cuatro jaulas de canario a plena luz durante media hora. A cada pájaro que canta se le da una recompensa (un poco de ajenuz, por ejemplo). A los pájaros que permanecen a plena luz durante diez minutos y no cantan, sólo comen, se les devuelve tranquilamente a la jaula de canto. Los canarios son unos pájaros bastante inteligentes y pronto aprenden que si no cantan son devueltos a los confines oscuros de la jaula de canto. La lección la aprenden con mucha rapidez y los pájaros más inteligentes cantarán tan pronto como vean la luz.

La posición de las jaulas sobre la mesa, ya sea una cerca de la otra o una sobre la otra, no tiene la menor importancia, pero hay que cambiar las posiciones tanto como sea posible para que los pájaros se acostumbren a cualquier posición (en las exposiciones, por ejemplo). La misma jaula de canto también debería moverse frecuentemente para que los pájaros se acostumbren a ser transportados.

Hacia finales de noviembre, los pájaros por lo general ya están preparados para participar en aquellas exposiciones en las que se celebren concursos de canto. Hay que colocar a cada grupo de cuatro pájaros bajo la luz artificial para que se acostumbren también a ese medio. Cada cuarteto tiene reservado un cuarto de hora de ejecución. Si los pájaros están acostumbrados a romper a cantar cada vez que se les coloca a la luz, estén donde estén, el canaricultor sabrá al menos que interpretarán sus canciones ante los jueces.

El canto del canario

El canario Harz o Roller

El canto del canario silvestre se ha desarrollado en cautividad desde las últimas dos centurias a través de una adecuada intuición y de la estricta selección de parejas de cría. El canario, por tanto, ha pasado a ser un pájaro cantor domesticado sin paralelo en ningún lugar del mundo.

Hace tiempo, los canaricultores reconocieron dos tipos de canto, el *Truttse* y el *Seifertse*, pero actualmente se han perdido; actualmente se habla de tours constantes y no constantes.

El ritmo y el tono constituyen el valor del canto de un canario, que puede emitirlos de tres formas: el rulo (*roll*), el timbre (*bell*) y el flauta (*flute*). El valor de cada tour, dentro de ciertos límites, está determinado por la profundidad del tono, la calidad del sonido y la plenitud.

La canción completa del canario se denomina *presentación* y consiste en una cadena de estrofas o tours unidas con armónicas transiciones. Cada tour se puede ejecutar en diferentes tonalidades, y cuanto más profundas y completas se desarrollen, más valioso será el pájaro.

Los tours se clasifican de la siguiente manera:

• Tours muy buenos: llamados rulo hueco (*hollow rolls*), rulo ronco (*bass rolls*) y sonido de agua (*water tours*).

• Tours buenos, llamados carcajada (*schockels*), timbre hueco (*hollow bells*), cloqueo (*glucke tours*), rulo de agua (*water rolls*), y flauta (*flutes*).

• Tours bastante buenos, llamados timbre (*bells*) y rulo de timbre (*bell rolls*).

Rulo hueco: El nombre procede del carácter de redoble hueco de esta estrofa o tour continuo, que se puede considerar como el mejor del repertorio del canario. El rulo hueco se canta con las vocales I, O, y U, y la consonante R, a modo de H aspirada. El rulo hueco se puede clasificar en *straight*, *rising* y *curved*. Un buen rulo hueco se canta con el pico cerrado, ya que el pico abierto emite un tono duro. El tono de gorjeo se considera un defecto.

Rulo ronco: Es el tour más bajo del repertorio y el más importante; sin este tour, el canto es incompleto. El redondo y pleno rulo ronco consiste en una combinación de la vocal O y de la consonante R, con el pico prácticamente cerrado, y el sonido procede de lo más profundo del pecho para ser li-

Un buen rulo hueco (hollow roll) se canta con el pico cerrado

berado con toda la fuerza. La R no debe oírse en primer plano, mientras que la O tiene que sonar llena y completa. Si se escuchan otras vocales, se minimiza la calidad del tour. Si la R se oye en primer plano, el sonido será demasiado duro. Si se escucha una vocal A, el rulo ronco se convierte en un rulo ronco liso. El intercambio de la O y la A –frecuentemente con el pico abierto con el sonido A– se conoce como un rulo ronco de cliqueo. Todos ellos se califican como defectos.

Carcajada: En contraste con los tours anteriores, la carcajada es un tour roto, que se reconoce por los movimientos espasmódicos de los tonos IU, O y U. Por este motivo, este tour se puede comparar con el relincho de un caballo o la risa espasmódica del ser humano. El tempo de la carcajada debe ser lento y el espacio entre los tonos, mayor que en los timbres huecos (ver más adelante). Los sonidos de carcajada se pueden prefijar con el sonido H aspirada, por ejemplo, HIU-HU. Si aparecen en el canto las consonantes B o BL, entonces se llama carcajada de agua. Si un pájaro canta con el pico abierto, el valor de la carcajada se minimiza.

Timbre hueco: Este tour está estrechamente relacionado con la carcajada y posee, además de los tonos básicos IU, O y U, las consonantes L y H (aspirada). Comienza frecuentemente como un rulo hueco con la R incluida, pero rápidamente se reemplaza por la L. Los sonidos E y A están clasificados como fallos, y este tour también se canta con el pico casi cerrado, pues en caso contrario se obtendría un timbre hueco de palmoteo, ya que chocan entre ellas las mandíbulas superior e inferior. También se consideran fallos los llamados sonidos de timbre hueco lento y de brinco, que surgen respectivamente de una interrupción mayor o menor de la agrupación de letras. Los más valiosos son los tonos IU y U, que repentinamente pasan de IU a U, y de U a IU.

Cloqueo: Este tour es fácil de reconocer si se ejecuta bien. El tour sale del pecho con un pico casi cerrado. Los tonos son la IU, la O y la U, con las consonantes GLK, BLK y KLK. Hay varios tipos de cloqueo, incluyendo el cloqueo hueco (con la IU), el cloqueo de agua (que suena como «clic»), el cloqueo de timbre (con una L suave), y el rulo de cloqueo (con una R entre los tonos de cloqueo).

Rulo de agua: El valor del rulo de agua reside en la plenitud y en la profundidad de los tonos. Se escucha raramente en el canto del canario, pero debe ser como el agua que se vierte de un vaso de cristal puro. Los mejores tonos de base se forman de la IU, O y U, con las consonantes V, G, D, L, H y B.

Flauta: Las flautas son tonos cortos, de volumen medio y sin repetición

rápida. Son tours medios, pero sin las flautas el canto del canario es incompleto. Hay tres tipos de flautas: profundo (con un sonido DU), medio (con un sonido DA), y alto (con un sonido DI). El tipo más profundo es el mejor, pero si la D se reemplaza por una T, se considera un defecto.

Timbres: Los timbres suenan como una campana muy aguda y se usan para alternar en el canto del canario. Un buen timbre emplea la vocal I y la consonante L, lo que produce un sonido metálico IL. El rulo de timbre es un rulo hueco ligero con una I y una R, emitido frecuentemente por los pájaros mediocres que no pueden reproducir un adecuado rulo hueco en su repertorio. Todos los tours se consideran defectuosos si se emiten con un pico abierto, por tanto incluso un principiante puede detectar este fallo.

El Waterslager

Los Waterslager, mayores que los Harz y de un color casi tan amarillo como ellos, también poseen su particular estilo de canto. En contraste con los sonidos suaves y redondeados del canario Harz, el Waterslager emite un sonido sollozante, con un carácter metálico, mientras que el ritmo es más rápido y el contraste entre las notas altas y bajas es mayor. Se dice que su canto se parece al de un ruiseñor.

Algunos autores creen que el Waterslager belga fue desarrollado por criadores alemanes. Otros piensan que fueron los belgas los que emplearon un ruiseñor como maestro. Sin embargo, lo que sí sabemos es que los belgas han convertido al Waterslager en el pájaro que es actualmente.

El canario cantor americano

Este «norteamericano» fue desarrollado a mediados de los años treinta de un cruce entre un roller y un border fancy. El objetivo era crear un canario de canto que tuviera una voz más elevada que el roller.

El interés era tan grande que, en 1943, se inauguró el American Singer Club. El club afirma que su pájaro es un canario de forma y canto criado en los Estados Unidos siguiendo el plan sistemático de mezclar el roller con el border fancy durante varios años con objeto de producir un canario que tiene: 1) un sonido excepcional, armonioso y libre, agradable de oír, ni demasiado chillón ni demasiado duro, con gran variedad; y 2) una forma o postura hermosa que no supera los 15 cm de largo, con plumas apretadas, que agradará al canaricultor medio.

Para conseguir este objetivo, el club envía a sus miembros un mapa genético cuidadosamente elaborado; el objetivo es contar con una raza de

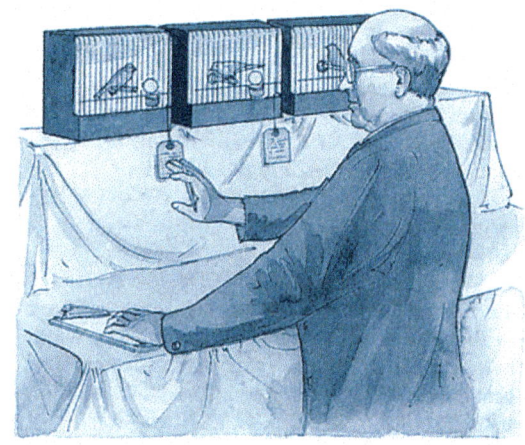

Acudir a una exposición de pájaros correctamente organizada constituye el momento culminante en la tarea de cualquier criador de canarios de canto, forma o color

pájaros que sean 69 por ciento roller y 31 por ciento border fancy.

El cantor americano es un pájaro atractivo que posee un pico de tamaño medio, cabeza redondeada, hombros pronunciados, cola, alas y patas de longitud media; todo ello en un cuerpo pequeño. No debe heredar el «baile» del roller sobre la percha mientras canta, sino que debe permanecer tranquilo en su percha con un ángulo entre los 35 y los 45 grados y, lo más importante de todo, no debe mostrarse miedoso. Este pájaro de canto se da en varios colores, pero los colores como el factor rojo pueden llegar a tener consecuencias en la reproducción endogámica. Por lo general, se tarda varios años en producir una raza sólida.

APÉNDICE

AGRUPACIONES Y ASOCIACIONES

Asociación de Canaricultores de La Mancha
La Parra, 32, bajos izda.
02002 Albacete

Unión Jóvenes Canaricultores de Villena
Rita, 13
03400 Villena (Alicante)

Sociedad de Canaricultores «Font Roja»
Ctra. de Molinar, 50
03800 Alcoy (Alicante)

Asociación Club Malinois
San Lorenzo, 16
06920 Azuaga (Badajoz)

Asociación Ornitológica y Canaricultora
Tomás Forteza, 6
07006 Palma de Mallorca

Agrupación de Canaricultores de Sóller
Manzana, 92
Camps de Sa Mar
07108 Puerto de Sóller (Baleares)

Unión de Canaricultores
Camino de la Cruz, 28
08190 Sant Cugat del Vallés (Barcelona)

Unión de Canaricultores
Puigcerdá, 59
08201 Sabadell (Barcelona)

Unión de Canaricultores
San Bruno, 26, 1.º
08301 Mataró (Barcelona)

Unión de Canaricultores
Avda. Padre Claret, 7
08348 Cabrils (Barcelona)

Sociedad de Canaricultores
Pasaje Pablo Picasso, 36
08820 El Prat de Llobregat (Barcelona)

Unión de Canaricultores Extremeños
Plaza de Santo Domingo, 9
10003 Cáceres

Círculo de Canaricultores Roller
Plaza del Carmen, 7
11403 Jerez de la Frontera (Cádiz)

Unión Sanluqueña de Canaricultores
Ganados, 1
11540 Sanlúcar de Barrameda (Cádiz)

Asociación Ornitológica Deportiva «El Canario»
Santa Ana, 10
12530 Burriana (Castellón)

Asociación de Canaricultores «Don Quijote»
Isaac Peral, 63
13600 Alcázar de San Juan (Ciudad Real)

Peña Canaricultora Cordobesa
San Basilio, 45
14004 Córdoba

Sociedad Coruñesa de Canaricultura
Varela Silvari, 10, bajos
15001 La Coruña

Unión de Canaricultores
Astruc Rabaya, 3
17230 Palamós (Girona)

Club Roller
Río Ebro, 6, 6.º B
18600 Motril (Granada)

Club Timbrado Español
Río Ebro, 2, 8.º B
18600 Motril (Granada)

Peña Canaricultores de Canto
Polígono Larzabal, 10, 2.º izqda.
20180 Oyarzun (Guipúzcoa)

Unión de Canaricultores Leoneses
Plaza de Don Gutiérrez, 1, 2.º
24003 León

Asociación de Canaricultores de La Rioja
Muro del Carmen, 8
26001 Logroño

Sociedad Lucense de Canaricultura
Armónica, 62-66
27002 Lugo

Asociación de Canaricultores Españoles
P. Sta. M.ª de la Cabeza, 16, 1.º
28045 Madrid

Club Malinois de Málaga
Huerta, 8
29014 Málaga

Asociación de Canaricultores del Sureste
Marqués de Ordoño, 9, 1.º
30002 Murcia

Asociación de Canaricultores
Miguel Astrain, 8, 9.º C
31006 Pamplona

Grupo Astur de Canaricultores
17 de Agosto, 14, bajos
33208 Gijón (Asturias)

Club Canaricultores «Ciudad Alta»
Federico Viera, 126
35012 Las Palmas de Gran Canaria

Sociedad Pontevedresa de Canaricultura
Flores, 18, bajos
36002 Pontevedra

Sociedad de Canaricultores
Pizarro, 29
37005 Salamanca

Asociación de Canaricultores «El Peñón»
Avda. José del Campo Llarena, 6
38400 Puerto de la Cruz (Tenerife)

Club Timbrado Español de Santander
Juan XXIII, 12 A, 5.º B
39001 Santander

Unión Canaricultores Timbrado Español
Amargura, 9
41003 Sevilla

Unión Canaricultores Morisca
Victoria, 16
41540 Puebla de Cazalla (Sevilla)

Asociación Ornitológica Club Malinois
Zurradores, 10
46001 Valencia

Asociación de Canaricultores «El Canto»
Font Nova, 4, 2.º
46850 Ollería (Valencia)

Agrupación Cultural Canaricultora Vizcaya
Marcelino Menéndez y Pelayo, 1
48004 Bilbao

BIBLIOGRAFÍA

Alderton, D., *Aves de adorno*, Ediciones Omega, Barcelona.

Barbra García, A, *Los cuidados de mi canario*, Ed. Nido, Barcelona, 1977.

Barrie, A., *Mi canario*, Hispano Europea, Barcelona, 1994.

Bielfeld, H., *Los canarios. Su cuidado, alimentación y adiestramiento*, Ediciones Omega, Barcelona, 1993.

Carreras, L., *El canario y su reproducción*, Ed. Sintés, 1972.

Colegio Oficial de Jueces. Agrupación Ornitológica Nacional, *Principios básicos de la canaricultura para jueces*, Organismos Oficiales de la Administración, 1972.

Company, M., *Así se cuida un canario*, Ediciones Marzo 80, Barcelona, 1982.

Company, M., March, S. y Massagué, J., *Avicultura menor. Canarios*, Ediciones Marzo 80, Barcelona, 1985.

Cuevas, R., *Avicultura menor. Canarios lipocrómicos y melánicos*, Ediciones Marzo 80, Barcelona, 1982.

Mark, R., *Guía de las aves de adorno*, Ediciones Omega, Barcelona, 1990.

Menassé, V., *El canario. Elección. Cría. Reproducción. Alimentación. Enfermedades. Razas*, Ediciones del Drac, Barcelona, 1993.

Müller-Bierl, M., *Conoce y cuida a tu canario: selección, clasificación, alojamiento*, Hispano Europea, 1994.

Paradise, P., *Canarios. Variedades. Salud. Crianza. Exhibición*, Hispano Europea, Barcelona, 1994.

Pasca, S. R., *Tu primer canario*. Hispano Europea, Barcelona, 1994.

Pérez y Pérez, F., *Bases biológicas y de aplicación práctica de la canaricultura*, Ed. Reus, 1972.

Rosentul, S., *Avicultura menor. Cría del Cardenalito de Venezuela*, Ediciones Marzo 80, Barcelona, 1986.